Idea man

Ideaman

暢銷新版｜耳から学ぶ勉強法

耳讀學習法

比「閱」讀更有效率的記憶法

LearningEdge 株式會社董事長

清水康一朗——著

慕樂——譯

推薦

多聽就能學得好的耳讀學習法

蔡瀾先生曾在書中提到早年初到日本時，透過日本電影自學日文。蔡瀾先生說，他會把同一部電影看上五十次，仔細反覆地聽電影中的對白，直到爛熟，後來就會講日文了。

蔡瀾先生的方法，就跟清水康一朗的《耳讀學習法》所倡議的一樣，用耳朵閱讀。

透過大量反覆輸入，讓頭腦習慣日文發音、斷句、節奏等語義之外的語音及語感，將之全部輸入大腦中的海馬迴，轉譯後儲存為長期記憶。

說到耳讀的威力，我也有一點點經驗可以跟大家分享。在我自己的一些課程中，會固定放幾段外文影片作為輔助。看了許多遍之後，影片內容自然是爛熟於胸。然而，上課時還是和伙伴們一起看。

某次，不知怎地我想起了蔡瀾先生自學日語的方法，開始將觀看影片的重心放在耳朵，認真聆聽說話者的語音與節奏感等內容以外的訊息。

幾次之後，神奇的事情發生了。

當我把注意力放在聲音的起伏流動，開始聽出更多光看文字沒能體會到的弦外之音，以及講授者個人的表達風格。

更神奇的是，就算反覆聽很多遍，就算內容幾乎都能夠背了，卻還是能夠從中聽出一些之前沒掌握到的訊息。

也真的如清水康一朗先生所說，不用特意背誦，自然而然就能記住訊息。

反覆輸入，原本就是大腦記憶資訊的基本功夫。不管是資訊還是技藝，都是靠反覆輸入的方式儲存與記憶。像是打球，得反覆鍛鍊基本動作；學習語言，得反覆輸入。

話說回來，真正的耳讀大師，應該是小小孩。完全無法閱讀文字的嬰兒，靠的是聆聽外界傳入耳朵中的聲音，一點一滴地學會語言，慢則三五歲時，已經成為讓許多父母頭大的發問達人，逮著機會就問個不停！

為什麼小孩會一直問問題？

因為他們對世界有無窮的好奇心，渴望更多知道一些。

曾有學者研究發現，願意且能夠好好跟學齡前孩子說話的父母，讓孩子在成長過程比沒能好好跟父母說話的孩子多聽了三千萬字，願意跟孩子好好說話的父母養大的孩子，日後的學習成效也比較好。

您說，耳讀是不是很重要呢？

相信清水康一朗的《耳讀學習法》，可以協助閱讀學習不理想的朋友，輕鬆跨越難關！

敦南新生活創辦人　王乾任

推薦

我讀《耳讀學習法》的感悟

談到「閱讀」，幽默大師林語堂先生曾經說過「讀書是文明生活中所共識的一種樂趣」，所說甚是。隨著知識不斷日新月異、生活愈加多元多樣，閱讀不只是一種樂趣，同時是一種能力，其重要性也就愈來愈被凸顯出來。

在我看來，從資訊到知識，從知識到智慧，再從智慧到品格，這之間有著先後次序與因果的相關聯性。資訊不等於知識，除非閱讀；知識不等於智慧，除非思考；智慧不等於品格，除非實踐。

換句話說，閱讀、思考與實踐，可以說是培養有品現代人的三部曲，而「閱讀」正居於前導的關鍵位置。

商周出版社寄來《耳讀學習法》書稿，作者清水康一朗提出了以「耳讀」造就「理想自我」的學習方法，乍看之下有點存疑，只不過聽聽CD有何特別之處？更別說是具有「魔力」、「魅力」了！但因作者分別從科學舉證、實務分析、親身體驗等一一闡述箇中道理，再加上他書中常有答問式的輕鬆寫作形式，所以，閱讀全書，還真能感悟出來有「耳讀」的味道，也感佩了作者的用心。

尤其對於作者所提四階段學習「訊息——知識——智慧——應用」的模式，與我一直以來「訊息——知識——智慧——品格」的閱讀主張，可謂不謀而合、相得益彰。

《耳讀學習法》全書一氣呵成，是一本可以輕鬆讀、且具有啟發性的好書，對增進學習效果深具意義。作為一個高中教育工作者，我願意推薦這本好書給青少年朋友們，期能共同實現作者的願望——「透過耳讀，讓讀者對內容感覺親切，並激發內在勇於實踐的動力。」

前建中校長　蔡炳坤

序

你進修的最終目的是？

這本書的一開始，我要先聲明：

「讀了這本書，對你的學習也不會有什麼幫助。」

那麼，讀這本書有什麼用處呢？

這一點容我稍作保留，後面再說。

你會拿起這本書，可見你應該是個對於「進修」或是「學習技巧」抱持某種興趣的人。

或許你現在正處於種種狀況中，像是：為了某個目標而發憤用功，正在尋找更有效果的學習方法，或是因為付出的努力沒有得到回報而苦惱著。

如果你是這類情形，希望你回答我一個問題——

你進修的目的是什麼？

「哎喲，現在才來問這種問題，未免太遲了吧？」或許你會感到困惑。但是，釐清進修的目的是很重要的事。

事實上，有很多人就是因為不確定自己為什麼要進修，到頭來浪費了大量的時間和心力。

你確定自己的目標嗎？

辛勤苦讀了半天，到最後才發現一切都是白費工夫，到時就算想後悔，恐怕也來不及了。

為了避免心血和時間付諸東流，我希望各位讀者能再想一想，自己到底為什麼要這樣努力。

現在有答案了嗎？

「我想通過考試。」

「我想把外語學好。」

「我想培養卓越的業務能力。」

原來如此。

這些理由或目的，我都能夠理解。

但，那些是真正的理由嗎？

進修的目的，真的不是在其他方面？

通過考試固然重要，培養語言能力、業務能力也很要緊。

但是，我不認為那稱得上是學習的目標。

真正的目標，不是通過考試或者學習重要技能，而是「在那之後」你要做什麼事情吧？

像是年收入達到多少錢、工作要取得什麼樣的成就，或者是成為什麼樣的人、對社會有所貢獻……等等，只有這樣的事情，才應該是我們所設定的目標，不是嗎？

但實際上，許多人都沒有將「未來的理想自我」設定為目標，而只專注在眼前的考試或技術上。

那麼你呢？

既然都是進修、學習，你不覺得應該要把時間和精力用在打造「理想中的自己」上嗎？

因為光是學會某些知識或技能，絕對無法成就「理想中的自己」。

當然，為了成就「理想中的自己」，的確需要某種程度的知識與技術。

但是光那樣還不夠。

請你回想一下過去，並且看看你的四周。

具備必要的知識或技術，就能夠成為「理想中的自己」嗎？

很遺憾，我得要說：「不能。」

我想，應該有很多人因為沒有勇氣跨出一步，或者沒有充分發揮能力，抑或是無法善加利用努力習得的知識，而無法如願以償獲得他們想要的成果。

為什麼會發生這種狀況呢？

那是因為他們的努力自始至終都是為了增加知識、提升技能等，換句話說，是為了一些表象、為了充門面而用功。

基本上，囫圇吞棗式的進修，與為了「成就自己」而學習，是完全不同的兩碼事。

為什麼我這麼說呢？因為若想要成就「理想中的自己」，就必須從自身的內在重新打造起。

而如果進修的終極目標，是為了成就「理想中的自己」，那麼就必須知道什麼方法最適合它。

真有方法能實現它嗎？

當然有。

這幾年來，成功人士幾乎毫無例外，都實踐了這套學習方法，那就是「耳讀」，也就是本書的主題及書名：《耳讀學習法：比「閱」讀更有效率的記憶法》。

這種學習方法，並不是單純為了提升某些技術、能力。

這種方法，是要把你從內在重塑起來。

聽起來很難懂，但其實一點也不。

「耳讀」的思考方法非常簡單：

找出吻合你「理想中的自我」的成功人士，以他們為榜樣，直接師法他們的觀念及作為。

至於實際的做法，則是經常聆聽成功人士分享自身經驗的音檔，或者聽他們的演講內容，好讓這些人的價值觀、想法、知識、技巧等，全都內化到你的腦袋中。

而且「耳讀」這種方法即方便、又簡單，因而可以持之以恆，從而獲得可觀的效果。

哦？

「事情哪有這麼簡單！」

的確，初聞有這麼方便、簡單、能持之以恆，而且能獲得宏大效果的學習方法，會心生懷疑是很正常的。

但是你想想看，你之所以會懷疑，是不是「用功＝辛勤苦學」這個固有觀念所造成的？

你是不是以為，學習事物都應該很辛苦，所以輕鬆愉快是不可能得到成效的？

然而，只要抓到學習的訣竅，進修其實一點兒也不辛苦。

「耳讀」真的是一種既輕鬆、效果又好的學習方法。全世界有許許多多的成功之士都實踐了「耳讀」，就是明證。

另一方面，我也想向學習時一味囫圇吞棗、不求甚解的人說句話：

「在用功苦讀之前，你還有些事情該做。」

倘若你能學習「耳讀」，並且好好實踐它，你的生活一定會更加成功、更為順利。

老子曾說：「授人於魚，不如授人於漁。」也就是說，給人一條魚，他可以溫飽一天，但倘若教他釣魚的技巧，他可以溫飽一輩子。

這話說得對極了。所以我們一開始所應該學的，是學習的技巧。

不過，不是增進知識的學習方法。

也不是讓頭腦變聰明的學習方法。

這種學習方法，是要成就「理想中的自己」。

亦即：讓人生產生化學變化，成為比現在更了不起的人。

聽起來口氣好像很大，但這種學習方法真的能達到這個目的。

這就是我的開場白。

讀完這本書兩小時之後，我相信，你應該就能夠取得一張前往「理想自我」的車票了。

目錄

第二章 這就是「耳讀」的魔力！

3 耳聞學習法

4 傾聽學習法

第一章

獲得成功人生的進修方法

我將這套
把我從苦海中解救出來
的學習方法，
叫做「耳讀學習法」。
簡稱「耳讀」。

1 在人生中製造化學變化

有一種學習，不同於一般所說的學習

人生就是不斷學習的過程。

從小學學習讀書寫字、算數開始，進了國中要期中考，然後參加高中基測、大學學測……，有不少學習都是為了通過考試。即便出社會後，仍有很多人為了通過資格檢定或升等考而努力進修。

當然，學習的目的不光是要通過考試。進修外語、學習各種才藝，或是學習商務所不可缺乏的技能或祕訣，都可以算是「學習」。從這層意義來思考，「活到老學到老」這句話一點也不誇張。

既然人生時時刻刻都在學習，人們自然會想要「學得更有效率一點」。

這裡，我想要問讀者們一個問題。

大家經常把「學習」二字掛在嘴上。但是各位可知道，「學習」實際上分成兩種？

怎麼樣，你是不是一頭霧水？

那麼，我們一塊兒來回憶從小到大的學習過程吧。

幾乎所有人都有過為考試而讀書的經驗吧。或許你還曾經焚膏繼晷地準備司法考試、醫師國家考試、會計師資格考等代表性的大考。

除此之外，有不少人會去學習社會人士的基本禮儀、電腦、語言、業務技能或溝通技巧等，工作上派得上用場的技能。

那麼，這些學習的共通點在哪兒呢？

對了，那就是賦予你嶄新的知識與技術。

要通過醫師國家考試，你才具備行醫的資格，踏出當醫師的第一步。

有人會因為閱讀成功營業員所寫的商務用書，而學得不錯的業務技術。

總之，人們可以藉由學習，成功地提升自己的能力，就像線上遊戲中的角色獲得魔杖或神劍就能升級一般。

獲得新的知識和技術，這是一種學習。

從事這種學習時，人們最常採用的做法就是「讀書」，對吧？閱讀教科書、參考書，以及市面上各種各樣的書籍，有系統而簡單地取得大量的知識。

市面上所出版的書籍裡頭，往往不只有你想知道的知識或技術，而是涵蓋入門篇乃至應用篇，輔以詳盡的解說。這是這類書籍最大的好處。

那麼，第二種學習是什麼呢？

學習為的不就是獲得知識或技術，不然呢？

我想或許有讀者會有此疑問。

不過，一旦了解這第二種學習方法，你的未來將會產生革命性的變化。你不只能因而獲得新知、技術，還有戲劇性的改變將在前方等著你。

為什麼無法成為「理想中的自己」？

其實不瞞各位，我自己就是拜這種學習方法之賜，人生風景從此不同的活生生例子。

就讀大學的時候，我就暗自打算：「總有一天要自己出來闖蕩，創造一番事業。」

我從大學畢業之後便投入職場，但是我將這段時間定位為日後開創事業的準備期。我原本並不討厭進修。當初在他人的公司任職時，我會利用下班後的時間進修，好為開創事業做準備。

那個時候，只要是跟獨立創業有關的書籍，我都讀得愛不釋手。

我從邏輯思考、圖解技術等工作上所需的基礎技能讀起，接著又接觸經營手法、市場概念、商務模式的建立方法等知識。經過持續幾年的進修後，我獲得了相當的知識，腦海中也明確勾勒出未來創業的藍圖。

但是，我距離自己的目標依舊十分遙遠。

喔，不。應該說，我根本還沒站在起跑點上。

怎麼說呢？

雖然我發憤想「獨立創業」，但彼時的我依然是一介上班族。我孜孜矻矻地進修、累積經營知識，甚至認真地寫下商業計畫，但是距離「理想中的自己」其實還極其遙遠。

怎麼會這樣？我明明已經充分習得所需的知識、獲得了相關的技能和祕訣了——我已經取得「升級」所需的魔杖啦！

但是，就算我心裡明白，還是無法採取行動，朝自身的目標邁進。

老實說，我真的不知道自己還能怎麼做。

「我明明有獨立創業的能力，到底耗在這裡做什麼呢？」我鬱悶苦惱，甚至心情低落到懷疑起自己：「難道我是個沒有執行力的人？」

「為什麼無法成為『理想中的我』？」

「該怎麼做才能達到『理想中的自己』呢？」

此事令我煩惱了好多年。

就在我苦思不得其解之際，我接觸到了從根本改變自我的學習方法。

那就是「耳讀」。

拜「耳讀」之賜，我的人生自此起了戲劇性的變化。

那麼，接著我就來談談「耳讀」。

你的心準備好了嗎？

一張CD就能改變你的人生

因為無法創業而苦惱不已的期間，我因緣際會聽到某張CD，內容是某位成功人士敘述他親身的體驗與領悟的祕訣。

此人的書我早已讀得滾瓜爛熟，因此從資訊、知識的層面來說，他的演講對我來說應該已無新意才對。而且他演講的CD外包裝設計得很花俏，感覺上有點可疑。所以原本我對它並沒有什麼期待。

然而，你猜怎麼著？

聽了那張CD之後，那位成功人士的每一句話猶如警鐘一般，在我的心頭發出清響。他述說的口吻相當誠懇，比讀他的書更令人感到親切。因此我很自然地被他的話所吸引，並且開始思考他丟出的問題。此外，我感到他充滿熱忱的教誨，深深地浸潤了我的心。

聽完CD後，一種奇妙的氛圍籠罩了我。

「我能改變！」

「我能成功！」

不知道什麼緣故，我的心裡如此告訴自己。

就是在那個時刻，我內心開始起了重大的變化……。

這個人的眾多著作我讀得滾瓜爛熟，所以CD中他會講什麼話，我早就已經知道啦。那麼，為什麼我聽CD的內容時，卻突然大大地受到激勵，認為自己能夠成功呢？

原因之一是：閱讀他人著作的時候，我會覺得它是個遙不可及的故事。但是親耳聽到成功人士的談話，我則感受到它是個「再實際不過的事情」。

「能夠寫書的人必定有過人之處，他的成就不是一般人達得到的吧。」坦白說，我原本是這麼想的。

所以，閱讀成功人士的著作時，我只覺得作者遙不可及，打從心底不覺得自己可能實踐他所說的話。「他是特別受老天眷顧，才能夠一帆風順。」我心底隱約這麼覺得。

但是，聽了CD中作者所說的話之後，我發現事情並非我想的那樣。作者是個非常親切的人，幽默風趣，尤其不吝於大方公開自己失敗的經驗，相當地平易近人，而非遙不可及。（事實上我寫這本書，就是要證明這一點。）

後來每當我想要做什麼決定，他的談話所萌生的親切感往往會成為助力，適時地推我一把。

我將這套把我從苦海中解救出來的學習方法，叫做「耳讀學習法」。簡稱「耳讀」——這名字夠響亮吧！

「耳讀」不同於以往一向以「閱讀」為主的學習方法，它的各種效果容我後面再詳述。

剛接觸「耳讀」的時候，我最初的感受是：「照這樣看來，似乎做得成。」從此以後，我便開始聽各種談話音頻，吸取他人的經驗。

「耳讀」在許多方面都能發揮效果。

舉凡語言學習、記憶、經營、業務等商務技能的培養等諸多領域，都能應用、活用這種學習方法。

但是，你知道「耳讀」對什麼最具效果嗎？

答案很簡單，就是「人生」。

換言之，光是聽一張CD，就可能改變你的人生。

把成功人士的能量完全納為己有

那麼，我現在就來談談「耳讀」所需要用到的「談話CD」。

「談話CD」這個詞，各位平常應該鮮少聽到吧。提到CD，我相信很多人所聯想到的都是音樂CD。

但是「耳讀」當中所使用的，並非一般的音樂CD，而是「談話CD」。這類光碟有的是收錄企業經營者或成功人士敘述自身經驗的談話，有的則是收錄演講或名人對談的內容，還有一些是朗讀書籍，或者是供語言進修之用，內容包羅萬象。除此之外，我**雖然統稱之為CD，但實際上它們還涵蓋老式的錄音帶、現今的MP3、Podcast等有聲音頻。**

在這本書中，有很多地方會提到CD或談話CD，這時都包含錄音帶或MP3、Podcast等所有音頻。

事實上，我都把買來的CD灌進iPod（現已停產）來聆聽。早在iPod出現之前，我就已經開始「耳讀」了，那個時候我都是隨身帶著錄音帶或CD在路上聽，有了iPod之後，我再也不用帶那麼多用具，「耳讀」也變得愈來愈方便了！

當初我開始「耳讀」後，最常聆聽的，就是成功人士的談話CD。

而且，**同一張CD我會反覆聽上好幾次。**

「為什麼？」

應該有人會覺得這麼做很奇怪吧？

有很多事情我們都可以從成功人士身上學到，像是從經驗獲得的卓越祕訣或獨特的思考方法等。如果只是要學習那些祕訣或思考方法，的確，只需聆聽談話CD二、三遍，就能大略吸收了。如果你聽CD是為了提升知識或者培養技能，或許沒有一再聆聽的必要。

但是**「耳讀」的最終目的，並不是學習某些知識或技能，而是成為「理想中的自己」。**

換言之，你是為了改變自己的行為、扭轉人生，才會採行「耳讀學習法」。

話是這麼說啦，但是為什麼「耳讀」會有這麼強大的效果呢？

我想各位對此一定感到很好奇。

接下來，我就來介紹「耳讀」的功效。

我們反覆聆聽成功人士的談話，目的究竟是什麼呢？

不是為了獲得知識或祕訣，而是吸取說話者的能量。

如果你不太明白我所說的「能量」是什麼意思，不妨把它想成「提高動機」、「提高衝勁」這類說法。

什麼？這豈不是精神訓話嗎？

或許有人會這麼想。但是倘若你把它想得這麼簡單，最後吃虧的可是你自己喔。

請大家回想一下自己的過去。

不論是進修、運動、工作，很多時候人們明知道怎麼做事情就會成功，或是取得斐然的成果，但卻怎麼都無法下定決心，跨出步伐——我自己的這類經驗，也是不計其數。在那種狀況下，我們最需要的是什麼？

豐富的知識嗎？林林總總的祕訣？卓越的技巧？

非也非也。

知識或祕訣你早就具備了。因為你明知道「這麼做就會成功」。

此時你所需要的，是「我也做得到」的信念，或者是相信「這件事對我來說輕而易舉」。

（看似）橫亙在眼前的問題，如果你認為它其實並不困難，便會想要試著挑戰看看。

沒有人有信心跳過五公尺寬的河，但如果河寬只有五十公分，任誰都可以毫不遲疑地跳越過去。

但是，在現實生活中，我們所遇到的問題在於：要跳之前，我們並不知道那條河是五公尺寬還是五十公分寬。因而在跳越之前，我們總會惶惶不安地猜想：

「如果河寬五公尺，那該怎麼辦？」

躊躇不前的時候，成功人士的聲音會告訴我們：「這件事輕而易舉。」這話會賦予我們勇氣和力量。

而這和讀書獲取知識，完全是兩碼子事。

打個比方就是：成功人士或企業家的聲音一傳入耳朵，聽者的體內便好像灌滿了他們的能量。

每天早上，聽著成功人士的談話CD後再處理公事，那麼原本你猶豫、做不了決定的事，便會轉為積極進行，也能有自信的去處理。

倘若能夠積極、有自信地採取行動，自然會獲得好的成果。

以我本身為例，我開始「耳讀」之後不過短短幾年的時間，便自己創業，並且獲得一定程度的成功。

由於實踐「耳讀」，我得以成為夢想中的自己。

「耳讀」是造就「理想自我」的學習法

要以文字表達「耳朵所聽到的聲音」之能量及其功效，是相當困難、頗具挑戰性的事。但是，本書會從各種不同的角度，盡可能地告訴各位「耳讀」有什麼魅力與效果。

前面我多次提到，「耳讀」並不是修習知識或技術的進修方法。如果那才是你進修的目的，那麼理應有更適合的方法才對。

一言以蔽之，**「耳讀」就是「造就理想自我的學習方法」。**

一旦考試合格，一個人就彷彿換上一身新衣、看似變了個人，也拿到了前往新世界的通行證。

但是，你的本質並沒有改變。

這就是一般的學習與「耳讀」的最大不同。

過去，你不時在腦海中勾勒著「理想中的我」，現在，你的夢想真的已經成真了嗎？

日復一日重複的工作與生活，已經讓你得到滿意的結果了嗎？

大部分的人對於上述問題，都沒辦法胸有成竹地回答：「是的！」——多麼令人惋惜啊！

舉例來說：你是個業務員，負責銷售一台售價一百五十萬日圓的辦公室機器。但是這幾個月來，你一台機器都沒有賣出去，一回到辦公室，便得面對主管難看的臉色。

然而，你還是得硬著頭皮去拜訪下一位客戶，向他推銷機器。

那麼，你認為拜訪下一位客戶的時候，你拿得到他的訂單嗎？

恐怕拿不到吧。

已經連續幾個月賣不出半台機器的人，不太可能認為自己的運氣會突然峰迴路轉。

但是，「耳讀」卻具有從根本改變這種狀況的力量。
也就是說，它可以讓原本賣不動的業務員，搖身變成頂尖業務員。
我深信，「耳讀」會讓你的人生發生化學變化。

2 那麼，我們就開始「耳讀」吧！

向「耳讀」先驅美國學習

聽到「耳讀」會使人生產生化學變化，有些人可能會想像，這是個非同小可的學習方法。甚至有人會不安地揣想：該不會是一種極度困難的專業技術吧？或者，需要難以想像的努力才能達成？

統統不用。

「耳讀」最大的魅力，就在於輕鬆、簡便。

事實上，平時我所做的，只不過是在通勤的途中，聆聽成功人士的談話CD罷了。

這麼簡單的事，任誰都可以從現在做起吧？

有很多人在通勤之時聆聽音樂。只要把聽的素材從音樂換成成功人士的談話CD，差不多就是我所採取的「耳讀」了。

「耳讀」簡單得出人意料，隨時隨地都可以開始。然而遺憾的是，實踐這個方法的人卻非常的少。我誠摯希望正在閱讀本書的各位，不要錯過這次好機會，一定要及早開始。

我將美國稱為「耳讀先驅國」。因為在美國，聆聽談話CD是一件相當盛行的事。美國一般稱為「有聲書」的CD，內容不僅有成功人士的演講錄音，還有由旁述者朗讀聖經，或是小說作者朗讀自己的作品等等，涵蓋的範圍相當廣泛，數量眾多，而且銷售成績也相當好。

美國人開車上班的人比日本多得多，所以許多人不知不覺養成了在車內播放有聲書的習慣；另外有很多人則會在慢跑時聽談話CD。

此外，新聞曾經報導，隨著MP3播放器日益普及，有聲書大多以網路下載的方式販售，因此銷售量有增加的趨勢。

在日本，報紙、雜誌或電視等，經常會介紹書籍的暢銷排行榜。但是在歐美，有聲書的銷售排行榜，向來是媒體關注的項目之一。

光從這一點就可以知道，「耳讀」在歐美是很普遍的學習方法。

由於有聲書的銷售量大，聽的人也多，所以美國的有聲書在價格上普遍比日本便宜。

我在美國版的亞馬遜網路書店，搜尋已有日文版暢銷書的有聲書，它們的價格如下（二〇〇七年時）：

《誰搬走了我的乳酪》（*Who Moved My Cheese?* 史賓賽．強森著）＋．

二〇美元；

《富爸爸，窮爸爸》（*Rich Dad, Poor Dad,* 羅伯特．清崎著）十八．二四美元；

《與成功有約》（*The 7 Habits of Highly Effective People,* 史蒂芬．柯維著）也只要三十二．九七美元。

與普通書籍相比，有聲書的價格稍高了一點，但是整體來說，美國的有聲書已算是相對低價的了。

我問過住在美國的朋友，他周遭幾乎所有人都在實行「耳讀」。當然，他自己也不例外，每天會把握通勤的時間，利用汽車音響聆聽談話CD。

說到這兒，我想起這個朋友的一件小趣事。

有一次，他的車被偷了。不過沒幾天，車子就在另一個地方被找到，算是不幸中的大幸。當他抵達發現車子的地點時，警察要他檢查一下，看看有沒有什麼東西被偷走。結果他翻遍了車子的各個角落，連後車廂和面紙盒都沒放過，沒想到竟然只有「耳讀」用的有聲書不見了。

車上僅有的一點零錢和其他音樂CD都沒有遺失，只有談話CD被偷走，從日本人的觀點來看，真的非常不可思議。

或許偷車賊也想用有聲書進行「耳讀」吧？這一點當然無法證實，不過由這件事可以窺知，美國人普遍有聆聽有聲書的習慣。

交通工具就是你家書房

我認為「耳讀」之所以能夠深入美國社會，主要原因在於它既輕鬆又方便。

不論一件事有多大的價值，只要太麻煩，或者做起來辛苦甚至痛苦，就不太容易實踐。

在學習上，「輕鬆」不容小覷。大多數的學習，都不是一、兩天就結束得了的。必須堅持一段期間，才能將學習的事物轉化為自己的力量。

「持續」就是力量。

這句話相信不少人都聽過。問題是，「持續」這件事本身就非常困難。不只是學習，像慢跑、減重、寫日記等，相信很多人都曾有過開始某件事，最後卻半途而廢的經驗吧。

也因此，為了讓「持續」不至於成為日常生活的負擔，就必須讓它變得輕鬆才行。從這層意義來說，我誠摯推薦你實踐「耳讀」。

既然是「耳讀」，想當然耳是透過耳朵學習，毋需動用眼睛和雙手。

請各位想想自己通勤時的狀況。

搭捷運的人，運氣好的話會有位子可坐，若周遭不致太過嘈雜，還可以拿書出來閱讀。但是，如果車廂內擁擠不堪、沒位子可坐，一手拿著公事包，一手抓著吊環，根本就沒辦法好好看書。但是在這種情況下，卻依然可以「透過耳朵學習」，聆聽勵志的有聲書。若想要有效地運用走路到車站，或從車站步行到辦公室的時間，「耳讀」更是再適合不過了。

開車通勤的人，可以將車子變成書房。

主婦們做家事的同時，也可以一邊進修。

可以說，從來沒有一種學習方法像「耳讀」這樣，能夠適合各種各樣的生活形態。

「聽了幾遍」比「讀了幾本」更要緊

正因為「耳讀」做起來輕鬆，「方便一聽再聽」便是它的一大優勢。

「耳讀」的詳細步驟，我會在第二章之後介紹。但在此言明在先，聆聽談話CD之時，並不需要聽完便換張新的。

有些人對自己一星期內能讀多少本書，或是從小到大讀過幾百本書感到相當自傲。當然，讀很多書是件值得欽佩的事。但是我認為，從書中學得了多少，更為重要——**重點不是讀了幾本書，而是學到了多少。**

但是，通常我們不太可能將書讀過一次就學會當中所有知識。一個人能夠從一本書真正領悟到一、二點道理，就已經很不錯了。

各位可以自問：過去你所讀過的書籍，是不是有幾本「印象中」還不錯，但卻怎麼也想不起當中重要的內容？

我想許多人的答案是肯定的。

那麼，該怎麼做才不會遺忘書裡頭的重點呢？

最確實的做法，是將讀過的內容寫成筆記，用心地整理。

這是個極有效的方法，但需要相當的努力。而把所有讀過的書的重點筆記下來，並且切實管理，更是浩大的工程。

那麼，姑且先拋開「把書中的重點牢記不忘」的念頭，試著將同一本書讀個好幾遍呢？

在此，請各位老實回答以下問題：

你曾經把一本書一讀再讀嗎？

還是你看完一次就會把書丟到一邊？

會把一本書一讀再讀的人，恐怕少之又少吧。

或許偶爾會有人把一本書讀個兩遍。這種情形，絕大多數是因為「很喜愛這個作家，所以一讀再讀」。但是像商業書、勵志書等激勵、磨練自我的書籍，很少會有人三番兩次地重讀。

然而，這類書籍恰恰需要一讀再讀，盡可能從中吸取知識，才會達到它預計的效果。話雖如此，但讀一本書可得花不少時間，也需要花費相當的精神。

在此，「耳讀」便可以派上用場。

只要體驗過「耳讀」的人便曉得：同一張有聲書CD，儘管聽過很多遍，但每次重聽卻一點兒也不辛苦，真的很不可思議。雖然所有內容你都已經聽過一遍了，但每次重聽都會發現上次所沒注意到的趣味，或是有新的發現。

愈聽，理解得愈深，而且愈想一再地重聽。

「耳讀」會令人上癮。

相較於重複閱讀同一本書所花費的精神，反覆「耳讀」實在是太簡單了！

而且，反覆聆聽談話CD的過程中，你會不時恍然大悟，了解其內容所真正要傳達的意思。不論是祕訣、技能，還是想法等，都能自然而然地融入你的內在，成為你的一部分。

此外，由於你會反覆聆聽一張CD，所以剛開始的時候，就算你聽不懂也沒有關係。

這麼一想，你不覺得心情和身體都頓時輕鬆不少嗎？

這就是「耳讀」的一大好處——它是一種能夠輕鬆上手的學習方法。

讀到這兒，各位是不是迫不急待想要開始了呢？

請大家稍安勿躁。

「耳讀」的魅力還不只這一點，下一章開始，我會陸續舉不少實際的例子加以說明。

第二章

這就是「耳讀」的魔力！

即便是漫不經心地聽，
也有它的學習效果。

1 「聽」有很多種

「耳聞」與「傾聽」大不同

「耳讀」正如其名，是用耳朵來吸收種種觀念，所以基本上就是「聽」。但是加以細分的話，「聽」這件事情，其實涵蓋很多細膩的層次，必須先加以明辨。

說到「聽」這個字時，你會聯想到哪些詞彙呢？

查閱字典可以看到「耳聞」、「傾聽」等辭彙，簡單地說它們都是「聽」的意思。在本書之前的篇幅中，我大都使用「聽」這個詞，不過這裡我們再仔細地區別一下。

「耳聞」和「傾聽」似乎有點難以區別。或許在日常生活中，絕少有人會嚴格區分這兩個詞。

然而，在「耳讀」的時候，我希望能夠釐清兩種「聽」法。

耳聞——讓聲音自然傳入耳朵，對於聲音沒有強烈注意力的狀態。在英文中叫做「hear」。

傾聽——集中注意力，主動聽聞的狀態。在英文中叫做「listen」。

換句話說，隨意播放音樂的狀態，我們的聽是「耳聞」；而專注聽著英語教材時，則是「傾聽」。耳朵讀取音訊的時候，相信沒有人會提醒自己「我現在正在聽」，或是「我正處於專心聆聽的狀態」吧。但是在日常生活中，我們還是會在無意識間讓這兩種「聽法」輪番上陣、各司其職。

你有過下列經驗嗎？

搭捷運的時候，別人的談話飄進你的耳裡時，剛開始你只是無意識地「耳聞」。但是，如果對方談起你有興趣的話題，這時你便會豎起耳朵，「傾聽」他究竟在說什麼了。

這就是「耳聞」和「傾聽」各司其職的最佳例證。

再舉個例。

此刻你正在閱讀這本書，周圍應該會有其他的聲音，請你用點心，聽聽看那些聲音。

於是，先前無意識間飄進你耳裡的聲音，一旦你刻意地去聽，大腦便會開始思考其內容或是聲音的出處。

簡而言之，你就是啟動「傾聽」這個行為了。

我們不能隨心所欲的「開啟／關上」耳朵，因此雙耳基本上隨時在汲取各式各樣的訊息。但是，人在提高意識的時候，耳朵汲取訊息的方式與沒意識時是完全不同的。

而這就是「耳聞」和「傾聽」的差別。

邊做事邊聽為什麼也會有效果？

那麼，「耳聞」和「傾聽」，何者比較適合學習呢？

從前述的說明看來，你可能會覺得：「那還用說，當然是『傾聽』嘍！」

我也這麼想。專心傾聽，當然會比隨意聽的效果來得好。

但是，如果你問：「是不是非得專心聽，才能夠提升學習效果？」我倒不這麼認為。因為即便是漫不經心地聽，也有它的學習效果。

播出聲音隨意聆聽，真的有學習效果？

各位會有這種疑問並不奇怪，畢竟很多人對於「用功讀書」的印象，都是「全神貫注、孜孜不倦」。有這樣的印象，自然會覺得隨意播放CD，聽著就能達到學習效果，未免太簡單了。

但實際上，就算我們沒有全神貫注，光是聽著，也能夠吸收很多訊息。

為了證明這一點，我們先一塊兒來回想看看自己是如何學習新事物、使它成為能力的。

了解這段過程之後，我相信各位一定能夠深切體認到，光是「聽」也會有很好的學習效果。

如果自己不能
努力付諸行動、妥善運用，
費心得到的知識
也沒有任何用處。

2 「耳讀」的能量可以改變人生

四階段診斷學習程度

說起來，「學習」是一種什麼樣的行為呢？

對於這種根本性的問題，你會怎麼回答？

有很長一段時間，我一直在問自己這個問題。我想了很多，也煩惱了很久，最後發現學習過程有一個流程。

那就是**「訊息↓知識↓智慧↓應用」**。

回憶自己一路走來的學習模式，就可以知道**一開始是接收訊息，將其轉化為理解的知識，然後再用心領會、得出自己獨有的智慧，最後再加以應用。這便是學習的完整歷程。**

我想，我們就是運用這個流程，學得各種知識和能力的。

當然，並不是所有的學習都必須按照這個順序、完成四個階段。有些訊息我們一接收之後，便可以立刻應用、實踐；有些雖然當作知識記憶下來，卻沒有什麼用處。

姑且不論過程如何，各位不妨想想看，現在自己處於這個流程的哪個階段。這是件很有趣的事。

藉由回顧，你便可以很確實地掌握理解的深度和學習的進程。

舉例來說，學習營業祕訣的人，不妨驗證一下自己的學習屬於單純的接收訊息階段，還是已消化成為自己的智慧，可以將之應用的階段。這樣一來，不但能了解自己學到多少，更可以知道應用到什麼程度。

以我自己為例，無法創業、心情鬱悶的時期，正是知識難以順利轉化為智慧的階段。當時，我已經讀了不少跟創業有關的書，把訊息和知識都灌入腦中，也領悟、體會了其中的一部分，將它們轉化為智慧了。但即使如此，也還未到達應用、實踐的階段。

現在回頭一看，我覺得這個分析的確有道理。

資訊大爆炸的日常生活

接下來，我就針對學習過程中的訊息、知識、智慧、應用四個層面，一一加以詳細介紹。

第一階段是「訊息」。

訊息其實非常簡單，你只要把它想成「單純獲知」即可。

學習英文單字時，我們會查單字的意思和發音。比方說，查「walk」這個單字，可以得知它是「走路」的意思，這就是所謂的「訊息」。

讀本書的時候，你會意識到：「喔，有一種學習方法叫做耳讀。」這也是處於接收訊息的狀態。

眼睛看到的、耳朵聽到的，統統是訊息。訊息的範圍便是如此廣泛。

有人說，現在是資訊化社會，所以資訊氾濫，每天光是離開家門到達學校或公司之前，一個人便會接收到大量的訊息。

請各位回想今天一整天你接收到的所有訊息。

別人的對話、捷運車廂裡的廣告、別人手上的報紙、用手機或網路確認的新聞……有太多訊息透過各種管道不斷躍入我們的眼睛或耳裡。現在，請各位把每一則訊息都好好想一想。

你會發現，傳入腦中的訊息林林總總，有價值的、無用的、學術的、八卦的，多不勝數。

才不過一天的時間，你所汲取的訊息便這麼龐雜，以致於你無法回憶起每一件事。這所有資訊，都在混亂的狀態下進入你的腦中。

總之，在（接收）訊息的這個階段，來自各種管道的訊息五花八門，有些我們會主動去接收，有些則是被動接收，還有一些消息我們則是根本不認為算得上訊息。

接收訊息還不夠，將它變成知識才重要

接下來，我們談談把訊息轉變成知識的階段。

現在，你的腦海裡儲放著各式各樣的訊息。尤其你的眼睛和耳朵會無意識地不斷接受各種消息，因此你的腦袋就好比一個亂七八糟的房間，到處塞滿零

碎、片斷的訊息。

這些訊息有些是你需要的，有些則用不著。因此，你必須將需要的、不用的、有興趣的、沒有價值的訊息，好好地區分、整理。

一間亂七八糟的屋子，我們可以藉由把書放進書架、把筆插進筆筒、把大衣掛在衣架上收進衣櫃等，將它收拾得井然有序，並且從中對於屋裡的物品有了正確的認識，知道該將它們收在哪兒好。

訊息也是這麼回事。

隨意亂丟的訊息幾乎沒有用處。只有正確認識訊息，並且將它好好整理、歸納，它才會成為知識。

當然，認識和整理訊息的方法因人而異。由於訊息對於各人的重要性不同，同時間吸取同一訊息的人們對該消息的感受也不一樣——**訊息的價值、意義，會因為接收方的需求不同而大相逕庭。**

舉例來說，搭捷運的時候，你聽到有人提起某新款手機已經上市，這時候你心裡在想什麼呢？

或許你覺得這事跟自己沒什麼關係，不值得注意。

也或許你會想到：「它有可能影響到我公司產品的銷路。」

如果你像前者那樣，對該談話內容沒有什麼感覺，那些話對你便只是純粹的訊息，你聽過就算了。

倘若你是像後者，判斷這消息對自己可能有用處，這時你就會細心整理，把它當作知識。

隨意聽來的訊息突然變得有意義了

將對自己有用的訊息納為知識，其他的訊息則擱置一旁。這是人們接收大量訊息時，所頻繁進行的事。

但是，被視為沒有價值而被「處理掉」的訊息，難道就這麼悄然消失，日後不再有發光發熱的機會嗎？

大腦的構造可不是這麼單純。

接收之初被視為沒有價值而束之高閣的訊息，經常在過了一段時間之後，有了重要意義。

我相信各位一定有過這種經驗。

接收某訊息的剎那，你只覺得半信半疑或沒什麼了不起，但經過幾個月、幾年之後，某日卻發現：「當初我所聽到的那件事，原來這麼重要啊！」

一則訊息並不是任何時候對任何人都具有同等的價值；什麼人在什麼時間點接收到某訊息，都會大大左右該訊息的價值。

因此，就算剛開始你覺得某項消息沒什麼意義，但可能因為某個機緣而發現它的價值，進而把它當作重要情報加以檢視。

實際上，這種情形經常發生。

我來說說自己的經驗吧。

剛剛創業後不久，我聽到某張談話CD。

我聽的是有關公司經營的CD。演講者一再強調：「公司的目標只有兩個，不是上市，就是出售。」不瞞各位，當初我聽到這些話時，有些不以為然，只覺得：「哦，真的嗎？」

各位也有同感吧？

經營公司的人各有各的目標，但並非每個開公司的人都打算日後將公司上市或賣掉——這是我那時候的想法。所以演講者的那句話，最初並沒有在我的心裡激起共鳴。於是我僅僅將它當作單純的訊息處理，沒有在心中將之化為有價值的知識。

不過，經營公司一段時間後，我發現「公司的目標不是上市就是出售」這個概念，漸漸成為我心目中的重要價值。

經營公司經常面臨種種決策。向哪兒調度資金、應該建立什麼樣的制度、該對何處做何種投資……等，永遠有事情需要我下決定。我總是為此傷透腦筋。

大致上來說，一件事情若是有A和B兩個選項，兩者通常不會有明顯的優劣之別。如果有一方特別優越的話，就能輕易下決定。然而，幾乎所有案例都是A有A的魅力，B有B的好處，因而取捨非常困難，實在不知道究竟該以什麼標準來下判斷。

過去，我會因而煩惱不已，有時還連日失眠。

某日，我突然想起「公司的目標不是上市就是出售」這句沉睡在記憶深處、我幾乎早已忘懷的話。

那個時候，我想通了。

「原來如此。只要根據對公司上市是否有利、出售時價值會不會上漲來判斷，就沒有問題了。」

發覺這一點之後，日後我便能順利做決策，不再出差錯。

「這麼一點小事真有那麼重要嗎？」沒有經營公司的人或許會這麼懷疑。然而，一個訊息對每個人（或是對不同時期的某人）來說，都有完全不同的解讀，重要程度也有天壤之別。

我最初耳聞「公司的目標不是上市就是出售」這句話的時候，它對我並沒有價值。我雖然在聽CD時聽進了這句話，卻不感認同、覺得它沒什麼價值，任它消失在大腦深處。

從「耳聞」和「傾聽」的差別來說，只是聽到的內容，幾乎不會留在我們的記憶中。儘管如此，當我實際上需要這句話時，它便不知不覺地從心底浮出，成為我的重要知識。

腦就是這麼奇妙的東西，一旦接收過某個訊息，它就不會完全消除。**即使沒有集中注意力聆聽、也沒有深植腦海的知識，也還保存在頭腦底層，當有需**

要的時候，它就會浮現。

「公司的目標不是上市就是出售」這句話，我當初真的只是聽過就算了。然而，如果我當初沒聽那張CD，就不會聽見這麼重要的一句話，或許到現在還不時為公司決策日夜煩惱呢。

正因為有了這層體驗，我深深感到：即使只是隨意聆聽，學習效果也會十分顯著。

光有知識還不足以提升能力

汲取大量訊息，加以整理之後，使它們成為我們的知識，我想這個流程各位應該已經明白了。

那麼，接下來談談「智慧」。

所謂「智慧」，簡單地說，就是「已經懂得如何把獲取的知識加以活用」的階段。也可以說，**理解如何妥善地運用汲取的訊息、知識，使之成為對自己最有利的工具，這便是智慧。**

一個人有沒有智慧，出乎意料地重要。

我甚至認為，一個人能不能成功，說不定得看他有沒有智慧呢。

市面上有很多教人提升自身能力的書籍。了解這些書所寫的內容，並且釐清自己需要其中的哪些部分，理應就能將它們轉化為知識。

然而，光是讀了書獲得知識，不管是誰都能成功嗎？

只要讀書，就能成為頂尖業務，甚至傑出的經營者嗎？

很遺憾，並非如此。

因為，這當中還留有必須釐清的問題。

那就是：**如果自己不能努力付諸行動、妥善運用，費心得到的知識也沒有任何用處。**

那麼，我們該怎麼做才能將知識轉化為智慧呢？

這個問題實在不好回答。一味地囫圇吞棗，將書中的大量知識硬塞進腦裡，並不能增進智慧。

書是獲取知識的一種絕佳媒介。由於書籍將資訊做過整理，有助於我們有系統地理解知識，因此最適合用於吸取新知時。

但是，想要把知識提升為屬於自己的智慧，卻有著嚴苛的障礙，超乎多數人的想像。優秀、具備思考能力的人，會將從書上習得的知識轉化為智慧，並且加以實現。但是，這是非常高等的技巧，並不是任何人都做得到的。

而且，做到與否，又會導致成果有著極大的差異。

「耳讀」帶給人的感動，是閱讀無法體會的

對於智慧的轉換，我也建議採用「耳讀」。

坦白說，要我用文字傳達「耳讀」的精妙，是相當困難的事。

「耳讀」的魅力，或許應該以「耳讀」來傳達才對。相信有些讀者一邊讀著本書，已經注意到我的說法「根本上是矛盾的」吧。

雖說如此，但要向有閱讀習慣的人宣揚「耳讀」的妙用，還是得透過書籍。

當然，我絲毫沒有否定讀書的意思。我自己也喜愛讀書，舉凡自我啟發、成功哲學或者商務用書等，我都讀過不少。讀書可以獲得什麼效果，我相當清楚。但是，就是因為如此，我才會建議**以讀書作為主要學習途徑的人，一定要試試看「耳讀」。**

我相信，從「耳讀」當中，你一定能獲得讀書體會不到的感動。「耳讀」的效果只有親身體會才知道。

各位不妨從自己讀過的書中，選擇有知識價值，同時也有出版有聲書的來試試。另外，我所經營的「Seminars」網站，也介紹了多種有聲檔案，各位不妨參考（網址刊登在前折口「作者簡介」中）。

由於書的內容你早就已經讀過，所以從CD當中或許無法獲得更多新資料或知識。但是，**CD能傳達出演講者所散發出來的「能量」、「熱情」和「人格特質」，連印刷品無法表達的演講者的「呼吸」，都能歷歷再現。**

總之，聽者可以從CD親身體會到演講者是如何得到資訊、知識，將它轉化為自己的智慧。

與印刷品不同的元素，經由耳朵接收進來時，相同的內容給了人更新鮮的感受，彷彿作者就在你身邊娓娓細訴。聽身邊的人談論他的體驗，聽者會油然生出「我也能做到」的心情。

這就是「耳讀」的一大優點。

「那個人這麼辛苦都熬過來了……」

「因為有這種想法，才花了那麼大工夫啊……」

「若是這樣，我也辦得到。」

不可思議的是，一邊聽著別人的經驗談，自己的心情會變得與從前截然不同。

換句話說，此時你已經領悟到如何活用自己學會的知識了，最後，便是得到智慧。

「耳讀」具有引領行動的魔力

如果能到達「智慧」的階段，應用上就沒什麼困難了。

所謂應用，就是靈活運用以往從各方所獲得的資訊、知識和智慧，將它們付諸行動。

請各位想想，在具備智慧的階段，你已經明瞭該怎麼做才能按照自己的需要活用所學。既然能走到這個地步，接下來自然會想要將它付諸實現。

這個時候，只要有人適時地推你一把，你就會採取行動。

在這個階段，「耳讀」也會發揮威力。

我們以檀香山的馬拉松為例來思考。

你對檀香山馬拉松知道多少？

首先，幾乎所有人都知道這個活動是在檀香山舉行吧。說不定還有不少人知道它的時間是在每年的十二月。

再問個比較深入的問題。你知道它是沿著海岸線的公路跑嗎？

如果連這點都知道，表示你至少對檀香山馬拉松感興趣，或者是有家人或朋友參加過這項活動。

有些人可能還具備其他相關知識，比如：怎麼樣練習比較好，或是該怎麼選鞋子等。說不定還有人可以告訴我們檀香山馬拉松當天該攝取什麼飲食、事先要做什麼準備呢。

好了，獲得這麼多資訊、知識、智慧之後，問題來了。

你要去參加檀香山馬拉松嗎？

除了打從一開始就摩拳擦掌的人之外，我想，幾乎所有人都不會說「我要參加」吧。

這是當然的。我們總不會因為稍微具備相關資訊、知識和智慧，就立刻想要參加。人的感情沒有那麼單純，不可能因為這點訊息就被打動。

那麼，請你想像自己正在聽著某人的有聲書，你曾經讀過這個人的書，而且閱讀的當下覺得「這個人說的話我有同感」、「他的想法我很欣賞」、「我也想要像他這樣」。

當你津津有味地聽著一個可算是你榜樣的人，快樂地分享著：「原本我壓根兒沒想過去跑馬拉松，但因為朋友的起鬨去報了名，最後我真的跑到終點，實在太感動了。」這個時候，你心裡有什麼感覺？

至少開始「有點想試試看」吧，而不是像只得知相關資訊時那樣地意興闌珊。

「得到好的資訊」與「得到出色的智慧」，是兩個不同的層次。

心被打動了，才會開始有躍躍欲試的心情。

總之，「耳讀」就是有引領人付諸行動的魔力。

「耳讀」的能量能為人生點燃火種

事實上，我第一次挑戰檀香山馬拉松，也是拜類似的機緣所賜。

我雖然曾想過，有一天要去挑戰檀香山馬拉松，但一直等不到適當的時機，所以一直拖延下去。

直到有一天，那時剛創業沒多久的我，正為了公司業績的成長不如預期而傷神。在這種非常時刻，一般人哪裡會想去夏威夷跑馬拉松啊！

然而，當時我聽著某張CD，一句話竄進我耳裡：「愈是痛苦的時候，愈要拋開一切向前行。」當下，我的心情陡然一變，油然生出放手一搏的心情：

「對，就這麼去做吧！」

那經驗就好像一口氣突破資訊、知識和智慧，直接到達應用的階段——我覺得這樣形容頗為適切。

「聽別人說話」就是有這麼大的威力。而說它是「耳讀」中最奧妙之處，絲毫不為過。

它會打動心情，帶領人們一鼓作氣跨出步伐、採取行動。

當然，光是讀書，有時也會驅使人產生想要一試的衝動。

但是「閱讀」的效果與「耳讀」完全無法相比。

講者的聲音、說話方式、呼吸、性格等種種元素，使得他所敘述之事更添真實性，因而能撼動人心。

如果你真的感到情緒高昂，那麼接下來只要備齊必要的事物即可。因為一旦你決定實行某事（應用），隨後就會反過來蒐集相關資訊、知識和智慧。

「耳讀」就是有這麼大的魔力，可以帶動人的情緒，引領人採取行動。

一個想著未來要環遊世界的人，和已經預約環遊世界機票的人，差別之處

不就在於他們的心情嗎？

「光是空想的人」和「實際付諸行動的人」，你認為哪個比較會成功呢？

答案不言自明。

但是，導致他們行動力有差別的，並不是兩者的不同之處，而是有沒有東西打動前者、使他產生行動的心情。

如果有人覺得自己行動力不足，不要責備自己，不妨想想看如何才能使自己產生行動的意願。

「耳讀」肯定是直接訴諸人心的有效手段。

「耳讀」的能量能燃燒你的心，具有推動你起而行的巨大力量。

此外，這個學習方法不只一舉兩得，而且幾乎沒有任何風險，可以輕而易舉地開始。

如果你也同意我的想法，那麼現在就馬上展開「耳讀」吧！

3 耳聞學習法

釐清三種「聽」法

前面已經說過「聽」有很多種，也稍稍介紹了一下「耳聞」與「傾聽」的不同之處。在這許多種「聽」當中，「耳讀」主要使用以下三項：

耳聞（hear）——姑且聽之。

傾聽（listen）——專注地聽。

發問（ask）——詢問。

這三項各有各的特徵，善加應用它的特徵，進行有效果的學習，是「耳讀」的基本形式。

先前我說過好幾次，並不是只有專心傾聽才是學習。在「耳讀」中，隨意聆聽也是一大要點。

光是隨意聽著便能夠學習，世上很難找到這麼輕鬆的事吧？各位務必要了解這一點，如此將有助於改變你的學習方式。

「耳聞學習法」就好比聆聽音樂

那麼，我們就從第一種「耳聞（hear）學習法」談起。

「耳聞」是一種心不在焉的狀態，接近無意識。「耳聞」只任聲音流進耳朵，並沒有要刻意捕捉其中的重點。

在這種狀態下進行學習，所得的印象自然跟一般的學習迥然不同。

但是，這樣就行了。

「耳聞」最大的重點，就在於它相當「輕鬆」。

「聞」這個字是由「門」和「耳」二字所組成。「門」有「關閉起來看不見裡面；隔起來無法了解」的意思，暗示人對於耳朵所聽到的事不太了解。似懂非懂的訊息流進耳朵裡，這就是耳聞的狀態。

你會在捷運或車上聽音樂或廣播嗎？

說不定有讀者現在正一邊聽音樂、一邊讀著本書呢。

聽音樂的時候，你的意識處於什麼樣的狀態？

是全神貫注、聽取每個聯結的音，一字一句地聽著歌詞嗎？

應該不可能吧？聽音樂時，大部分的人都是隨意聽著，並沒有積極想要從歌曲中吸收什麼。

「耳聞學習」也可以保持這種狀況。只要把聆聽的素材換成你想學的項目即可。想要背英文單字，就以英文單字朗讀ＣＤ取代音樂ＣＤ；想多了解商務知識，就選擇相關的談話ＣＤ。就這麼播放著聽就可以了。

「這麼做真的有效果嗎？」

相信讀者當中一定有人會有疑問。播放英文單字ＣＤ隨意聽著，就能把單字記起來？其實我自己以前也完全不相信。一定有很多人在高中聯考、大學聯考的時候，為了背單字而吃了不少苦頭，我也是其中之一。

那麼辛苦的過程，現在居然只要隨意聽聽ＣＤ就能達到類似的效果，實在令人難以置信。

但是，我的一位好友的確拜「隨意聽學習法」之賜，得到很好的成果。

睡覺記單字，簡直像天才

我的這位朋友之所以會想要開始「耳聞學習法」，據說跟「睡眠學習機」大有關係。

應該有人記得吧。大約二十年前，市面上推出一種可以睡覺時進行學習的機器，因而大為轟動。

當時睡眠學習機一台要不少錢，但它的構造簡要地說只是在枕頭邊設置喇叭，好讓人邊聽著播放的內容邊入睡。

我這位朋友國中時用過睡眠學習機，後來他想起當時的經驗，打算在大學考試時也運用這個方法。不過，過去用的睡眠學習機早就不在身邊了，所以他把錄音機擺在耳邊，一邊聽英文單字錄音帶、一邊睡覺。

他就這麼開始了「隨意聽學習法」。

「隨意聽學習法」這名稱聽起來頗像一回事，但其實友人聽的內容沒什麼特別之處，就只是英、日文交替說「respect」、「尊敬」、「response」、「反應」，如此而已。

另外，聽的方法也沒有訣竅，真的只是放出聲音來伴著入睡罷了。

由於這種學習方法十分輕鬆，因此效果並非立竿見影。據友人的說法，他用這種學習方法一、兩個月，什麼成果也沒有。

然而，他持續了三個月之後，效果卻突飛猛進。

由於他是考生，所以跟多數人一樣，也買了生字卡來背——一頁一頁地讀，一個一個地記。

上述方法相信很多人都有經驗。但是這種方式效果不彰，往往看完生字卡之初記得單字，不過一轉頭就忘了，於是只好反覆背誦，彷彿這麼一來就能夠牢記不忘。不過，當我這位朋友開始「隨意聽學習法」之後，他就像天才一般，變得過目不忘——「記憶力像天才一樣」是他自己說的，就連他自己也不相信能進步得如此飛快。

真的發生了驚人的奇蹟嗎？

從腦的結構驗證「耳讀」

為什麼他能像天才一樣輕鬆記得英文單字？接下來我們來稍微思考一下它的機制吧。

他的學習方式是播放錄音，再輔以生字卡背誦。

與一般學習方法不同之處在於：他在背生字卡之前，先做了「耳讀」。

這種做法有什麼道理呢？我們從腦的結構來思考一下。

大腦會先把記憶暫存在「海馬迴」這個構造裡，當這個記憶出入多次之後，它就會成為重要的記憶，而移放到大腦皮質中。

不光是耳朵接收的訊息會如此處理，眼睛和手等器官所取得的資訊也都會被放進海馬迴中。之後，大腦會將人出於需要而取用的訊息視為「重要」記憶，轉而將它保存在大腦皮質裡。

從這個架構來思考便可得知：**人腦姑且接收進來的訊息，會因為經常使用，較容易成為腦中穩固的知識。**

所以，我的友人能像天才般記憶英文單字，並不是不可能的事。

可以想見，整個過程如下：

最初，他藉由「耳讀」將英文生字暫時存放在海馬迴中。之後，他背誦單字卡的時候，這些資訊被轉存到大腦皮質中。

也就是說，他並不是用生字卡記憶新的單字，只是在無意識中進行讓訊息進出腦海的行為。

就大腦科學來說，這是十分合理的學習方法，就算不是記憶的天才，也可以好好利用。

一般學習刺激左腦，「耳讀」則是刺激右腦

既然說到腦的架構，我們不妨再來想想右腦和左腦的關係。

有關腦的理論中，我們常聽說「感覺方面的資訊是輸入右腦，邏輯性的資訊則是輸入左腦」。

也就是說，欣賞畫作、聆聽音樂時，接收的訊息會進入右腦；學習語言的文法、理解商務知識時，用的則是左腦。

那麼，正在閱讀本書的你，動的是哪一側的腦呢？

我想你的左腦應該動力全開吧。

一般來說，讀書、學習，大多用到左腦。

但是，**在「耳讀」的「耳聞」階段，用的卻是右腦。**

因為聽談話CD，感覺與賞畫、聽音樂相同，會動用同樣的腦。

簡單地說，放輕鬆聽著就行了。

既然要輕鬆聽，建議你在睡前或起床後聽即可。

這些時候，人的意識還沒「打開」，大腦也尚未活化，所以腦子可以在不思考的狀態下讓資訊暢行而入。

當然，此時不必專心地聽內容，只要聽見聲音或音調就好了，也就是說，此時你處於「不吸取內容」的狀態。不過，剛開始這麼做就行了。

反覆聆聽為什麼重要？

雖然隨意聽就能有不錯的效果，但前面我也說過，**「耳聞學習法」的重點在於反覆聆聽。**

「反覆聆聽」這件事十分重要，可惜大部分的人都無法做到。即使是正在進行「耳讀」的人，也有不少因為「已經聽過兩遍」而不再聽同一張CD。

這樣前功盡棄實在太可惜了。

我並不是要各位刻意挪出時間，坐在書桌前聽CD。而是要大家在早上起床後或睡前、通勤途中、行走之時，像聽音樂般聽談話CD。

換句話說，即使反覆聽，時間上及體力上也不會有什麼負擔。

何況，有人會因為音樂CD「已經聽過一次」，就不再聽了嗎？

「耳聞學習法」基本上只要像放音樂時一樣隨意聽著，所以我希望各位也能像聽音樂一樣，一再聆聽耳讀的素材。

早上通勤的時候，聽著自己喜愛的音樂，精神會特別振奮吧。

聽成功人士的談話CD，效果也一樣好。

事實上，通勤途中聽著成功人士的談話CD，懷抱著「我也能成功」的想像而開始一天的工作的人，還真不少呢。

我自己就是這樣，周遭很多朋友也採取這個方法。

我們不是用「耳讀」來學習新知或技巧，只是去感受演講者的聲音、語調、氣氛，以及能量。

光是聽著這些，就能令我幹勁十足，從一大早就抱著昂揚的心情去上班。

我覺得它的效果有很多地方都與音樂CD不相上下。

很多運動選手在比賽前會聽固定的曲子，以提高注意力，從而提升自己的意志。這種狀況下，不可能每次都聽新曲子。

聽成功人士的談話CD也一樣。

各位務必要了解這一點，習慣反覆聽同一張CD。在沒有壓力的情況之下，慢慢地它就會出現驚人的效果。

4 傾聽學習法

把精神集中在「聽」的行為

接下來談談「傾聽學習法」。

前面也說過好幾次了，「傾聽」是一種集中注意力、專心聽取內容的狀態。

「聽」這個字，是由「耳」和「德」組合而成。「德」有「坦白的心」之意，所以「聽」這個字暗指向對象側耳傾聽之意。

聽人說話時，有時候我們會當耳邊風聽，有時候則會非常專注地聽。

一般的「耳聞」與「傾聽」最大的不同，就在於「懷著多大的意識」在聽。

「我得仔細地聽……」當一個人刻意要做什麼的時候，自然會產生「傾聽」的姿態。但是時間一久，人會因為疲倦而不再豎起耳朵刻意去聽，這時就會轉變成一般的「聽」了。

這裡，我們來做個簡單的實驗，各位就可以知道意識的有無，對於接收訊息的能力會產生多大的影響。

只是，文字很難充分發揮它的趣味之處，所以讀完書後，各位不妨找個人實驗看看。

那麼，開始。

首先，對對方這麼說：

「找出你四周有什麼東西是褐色的，然後暗記下來。限時十五秒。」

經過十五秒後，停止尋找，慢慢地閉上眼睛。

然後，請再說：

「請回想一下你周遭有什麼紅色的物品。」

實驗到此為止。

根據我的經驗，說出「紅色的物品」時，測試對象都會發出驚呼，或是說：「我什麼都想不起來。」

這反應很正常。人刻意尋找褐色物品的時候，不會注意看紅色物品。嚴格來說，紅色物品的確跟其他景物一起映入眼簾，但是由於沒有特別注意，所以事後記不起來。

這個有趣的實驗揭露了意識的重要性。請各位和家人、朋友再試一次看看。

從這個實驗就可以知道，想要確實汲取資訊或知識，（懷抱）意識是非常重要的。

我再說一個類似的故事。

我現在是用iPod進行「耳讀」。自從我買了iPod之後，這才發現社會上用iPod的人真不少。在捷運車廂裡、在慢跑的時候，我不時看到有人跟我一樣使用iPod。

為什麼呢？

當然是因為現在我對iPod「特別有意識」。

就連讀書，也有同樣的情形。

在銀行、醫院一邊等叫號一邊讀書，和在家裡安安靜靜的讀書，汲取資訊的方式截然不同。因為等待叫號的時候，我們通常會不時意識著「不知道何時會叫到我」。

同樣的，「聽」和「傾聽」時，大腦接收資訊的方式也大不相同。

簡要的說，不管是讀書、「耳讀」，如果想要確實地接收資訊，就必須完全集中精神。

看到這裡，有人可能會想：

如果讀書或「耳讀」都得集中精神，才能完整地獲取資訊，那我何必特地做「耳讀」呢，只要讀書就夠了吧。

的確，認真讀書的話，能夠獲得大量的資訊和知識。說「讀書是學習的基本模式」實不為過。我個人也非常喜歡讀書，即使現在，每個星期我仍然會讀一、兩本書。

但是，當我們想用「整個身心」去學習，而不是「按照理論」去學時，「耳讀」就真的要比讀書來得優越。

學習首重親切感

一個熟悉的人所說的話，絕對比陌生人的話更叫人認真傾聽——這情形不管對誰都一樣。

一個不相干的人說的話，再怎麼冠冕堂皇，也往往激不起我們多大的興趣，遑論仔細傾聽了。

反之，如果是熟人所說的話，一般人至少會興起一點興趣。

平常你從來不收看的電視節目，如果某日邀請你的朋友去上，播出時你會不會想看呢？我想應該很多人會想看。這就是「認識」所產生的親切感會激起個人興趣的明證之一。

書也是一樣。

除了內容有趣、會引人浸淫在故事情節中的小說之外，像語文學習書籍、勵志類書籍，以及商業用書等，有點印象的作者絕對會比名不見經傳的作者更令人感興趣。

我舉個例子。

讀一個知名藝人寫的書，與讀一個你沒聽過聲音、也不知長相的作者的書，你的感覺會有什麼不同？

讀的時候或許你不會特別意識到這一點，但感覺應該相當不同。讀知名藝人寫的書，必定會想起那位藝人的舉止，會感覺他彷彿正親口對你說話一般。如果作者是女藝人，讀者一定會想起她的臉、聲音、說話方式吧；若是搞笑藝人，讀者則會想到他的搞笑招數、說話的口條等，一邊想像、一邊讀著。

是的，就好像親聞其聲一般。

反之，完全不認識的作者，讀他所寫的書時，什麼也想不出來。作者的確是透過他寫的書對你說話，但可惜的是，沒有任何資訊可以使人聯想到作者。

沒有見過我、沒有聽過我聲音的人，在讀這本書的時候，腦海中無法想像我的聲音。即使我怎麼使出渾身解數寫文章，但在你腦海中響起的，還是你自己的聲音。

我必須遺憾的說，在這種狀態之下，要激發讀者產生臨場感或親切感，恐怕有點困難。

體驗尊敬之人說話的能量

但是，採用「耳讀」的話呢？

即使聽者完全不認識說話的人，但實際聽到他說話的聲音，就能夠大致想像其形貌了。藉由一個人的聲音，我們可以想像許多細節，像是：性別、年齡、體格和性格等等。

聽著一個人的聲音，親切感和臨場感通常便會油然而生，使得我們愈聽愈有興致。

在我的經驗中，因「耳讀」而備感親切的例子多不勝數。

例如：稻盛和夫先生是我所尊敬的經營者之一，他是京瓷、ＤＤＩ（現在的ＫＤＤＩ）的創立者，是日本代表性的經營者之一。

我剛創業的時候，讀了稻盛先生寫的好幾本書。

對我而言，他就像是經營之神，他所傳授的道理不勝枚舉。當時我抱著想請他多多指點的心態，用心地讀起他的書。稻盛先生的文章，使我得以領略人生及經營的精義，心底充滿感動。

「真想見見稻盛先生，親自向他請教。」

如果這個願望能成真，那該有多麼美好！

但問題是，親眼見到稻盛先生、直接向他請教的機會，在我的生活中實在微乎其微。

該怎麼辦呢？

於是，我決定找稻盛先生的談話ＣＤ來聽。

結果如何呢？

透過CD聽了稻盛先生的談話、聆聽他的分享之後，我發現他與我先前的想像差了十萬八千里。

最讓我驚訝的是，在我心目中像神一樣難以親近的這位企業家，聲音聽起來竟然像自家親切的長輩，而且還跟我話家常。

當然，稻盛先生的話並非只說給我一個人聽，那張CD是他在廣大聽眾前演講的錄音。

然而，不可思議的是，聽著他的聲音，我感覺他宛如對我一個人說話一般。

而且，稻盛先生用獨特的口吻說起他自己的失敗經驗時，聽起來特別有趣。

「咦？那麼了不起的稻盛先生，原來也曾經吃過敗仗!?」驚訝之餘，我突然湧生出一股勇氣。

總之，它讓我感覺彷彿探觸到稻盛先生的人格。

有了這種情感之後，我就像乾燥的海綿丟進水裡一般，把稻盛先生的道理吸收到心裡去。

而且，在此之後，即使讀著稻盛先生的書，我的腦海中也會不時迴盪著他的聲音。因此，即使書裡的內容並沒有不同，但是它進入我心裡的氛圍卻變得完全不一樣。

我認為，這便是藉由「耳讀」領略作者能量的好處。

喜愛演講者，學習變得更輕鬆

人有一種傾向，就是愈是知道對方的事，就愈容易喜歡上對方。

我相信很多人都有這樣的經驗。

我常常聽人提及，過去完全沒留意過某個人，但偶然得知他的人生故事或家庭狀況後開始產生興趣，並且漸漸欣賞起來。這情形不只發生在兩性之間的愛慕，通常了解對方，因而產生興趣，就容易產生好感。

換句話說，比起讀書，「耳讀」能進一步了解對方的聲音和氛圍，因而較容易對對方產生好感。

既然喜歡上對方，當然就會更有興趣聽對方說話了。

在學習上，沒有這麼容易的事。

如果「學習＝聽喜歡的人的聲音」這個公式能夠成立，大家就可以歡歡喜喜地學習了吧。

如果是自己喜愛的異性、偶像為我們朗讀教材，並且錄音下來，相信一定能使我們更有動力學習——這雖然是大夥兒在聚會上的玩笑話，但是就「對說話者有好感」這層面來說，「耳讀」的確獨具效果。

「耳聞」變成「傾聽」的剎那

為了讓各位理解「耳讀」的種種魅力，接下來我將釐清「耳聞」與「傾聽」有何不同，並且加以說明。

「耳聞」和「傾聽」這兩者的確大不相同，然而這兩種狀態卻能在轉瞬間彼此切換。

也就是說，開始學習的時候，就算沒有先區別「今天隨便聽聽就好」或是「這段時間要卯足勁來聽」，也無所謂。

例如，你可能有過這樣的經驗：原本可有可無地聽著有聲書，突然間，某個句子吸引了你的注意，之後你便非常認真地聽了起來。

同樣的事也會發生在聽音樂ＣＤ時。

平時隨意聽過的曲子，偶然間聽到某段歌詞而大受感動，那瞬間便會集中精神，開始注意傾聽歌詞。

很少人聽一整個小時的ＣＤ，會一直處於心不在焉的狀態。事實上，只要你聽過一次有聲書，就能理解這種情形。

就算是在通勤時不專心地聽著有聲書，一定也有個部分會觸動你的心弦，使你轉而認真地聽起來。

此外，奇妙的是，有時候你在不同的時間、地方聆聽同一張CD，它觸動你心弦之處也有所不同。過去你從來沒放在心上的部分，在某個時候卻會銘誌在你心中。這種情形相當常見。

或許隨著身體、精神狀態的不同，或是當時所面對的問題或煩惱等種種變化，CD中勾起你興趣的地方也會跟著改變。

於是，反覆地「耳聞」與「傾聽」，便能夠吸收到吻合自己現狀的資訊。

反覆聆聽找出真正價值

由於每次聆聽CD的時候，我們特別有感受的地方會改變，所以重要的是要「反覆聆聽」。

反覆聆聽的話，你會逐漸記住句子的順序，因而邊聽邊想著：「對了，這句話之後，接下來會提到……」甚至到後來，就算你沒有在聽CD，也能夠覆誦出CD中的某些話。

我認為，將有聲書反覆聽到爛熟是有意義的。

此外，我也會把一張DVD播出來一再欣賞。像是《駭客任務》（*The Matrix*）這部影片，最能令我感受到重覆欣賞的價值。

看過《駭客任務》的人可能會有印象，有一幕是莫菲斯教導基努．李維所扮演的主角尼歐打快拳。

尼歐一直打不到莫菲斯的快拳，於是莫菲斯對他說：「Don't think you are, know you are.」我認為這句話可以翻譯成「別去想你要很快做到，而是要知道你很快就做得到」。

這部片子我看了無數次，照理說這句台詞我也聽了無數次。

然而，最初幾次，我完全沒有注意到這句話。直到因為某個機緣，我突然發現「這句話真是太有智慧了」！

別去「想」你做得到，而要「知道」你做得到。

直到現在，這句話都是我很倚重的金玉良言。

插個題外話，大名鼎鼎的專業顧問神田昌典先生在他的書中，也曾提到《駭客任務》的這句話令他深銘於心。

我之所以注意到這句智慧金言，實在是拜反覆欣賞影片所賜。

因此我建議各位，務必把你已經聽過一次、原以為不用再聽的CD拿出來，多播放個幾次，不用認真聽也無所謂。即使你只是在空閒的時候隨意放出來聽，遇到撥動心弦的句子時，你自然會變換聆聽的態度。

一再重聽，等到你能夠隨口覆誦，那句話、教誨、價值觀、想法、訣竅必定能長駐你心。

5 發問學習法

「發問」是極有效率的學習方法

如果有個問題你絞盡腦汁也搞不懂，這時你會怎麼做？
遇到難以解決的煩惱時，你又會怎麼做？
獨自一個人想破頭，直到找到答案為止？
還是暗自硬撐，直到煩惱解決？

你或許不想要麻煩別人，但是自個兒埋頭苦思只會花更多時間，卻未必有效果。

那麼，有什麼更好的方法嗎？

開口問就好了，向知道答案的人詢問。

截至目前為止，我們談的都是「聽」，然而「耳讀」的第三個階段，則是「發問」（ask）。

在日文中，耳聞的「聞」、傾聽的「聽」，唸法都跟「訊」字一樣——「訊」這個字有詢問、查問的意思，一般來說多以「聞」字代替，表示「詢問解答」或「詢問真相」等時候，才會使用「訊」這個漢字。

那麼，各位有沒有發現「耳聞」、「傾聽」和「發問」的不同之處呢？

沒錯。「耳聞」和「傾聽」是被動的行為，但是「發問」則是主動和別人溝通的要件。

學習時，人經常有想發問的衝動。

在學期間，有問題時我們可以問老師，然而進入社會之後，便不太有機會求教於人。在網路上死命搜尋，還是找不到正確解答，徒然白費時間，這種情形對現代人來說已是家常便飯。

這時候，如果能切中重點提問，並且立刻得到解答，那該有多好！

「發問→得到答案」這個單純的過程，是有效學習的不二法門。

活用研討會的「發問學習法」

我是在參加研討會的過程中，學到「發問」的重要性的。

在研討會中，主講人經常會問聽眾：「有什麼問題嗎？」這時候舉手提問，便可以就自己想了解的事，切中重點地請教演講者。

知名的講師親自回答我們私人的煩惱或疑問，這時候我們會有一種「賺到了」的感覺。不過……

「在研討會上，我就是無法鼓起勇氣發問呀！」

我曾聽人這麼表示。我也有同感。

主持人雖然說：「請儘管問問題。」但不少聽眾就是開不了口。

因此，我用了一點小技巧，這個技巧的精神在於：別在研討會眾人面前提問，而是等到會後再悄悄上前，向演講者請教個人的問題。

那麼，要怎麼做呢？

我偷偷告訴各位。

研討會結束之後，一定要與講師交換名片。

有些人可能以為，要把握交換名片的時候，趕快問問題。非也非也。

交換名片的時段通常人擠人，很多時候等待交換名片的隊伍甚至排得長如人龍。在那種狀況之下，就算你提問，對方也無法靜下心來回答，甚至會給周圍的人造成麻煩。

正確的做法是：當場交換名片，過幾天再寄信給對方，表示有事請教，希望與對方私下碰個面。

很多人都會寄謝卡或致謝函給對方，但會在信中表示「希望私下見面」的人，則不是很多。

當然啦，一般人會想「對方是個大忙人，怎麼可能答應私下跟我見面呢」，或是「這麼做太厚臉皮了」。

最初我也是這麼認為。

沒想到，我做好被拒絕的心理準備寄出信邀約後，對方竟出乎意料地答應了。由於行程忙碌而無法答應邀約的講師大有人在，但以我的經驗，見面的機會比預料中還多。

仔細一想，其實沒什麼好意外的。

你不妨站在講師的立場來想想看。

舉行研討會之後，如果其中一名學員來信表示：「研討會令我獲益良多，希望能私下跟您見個面。」聽到這樣的反應，身為講師的你會有什麼感覺？

至少不會覺得反感吧？

這個時候，即使興起「既然對方開口邀約了，那就找時間見個面」的念頭，也沒什麼奇怪。擔任研討會講師的人，原本就抱著教育英才的理念，因此若有人「上門求教」，他應該會很高興地開門迎接吧。

私下與講師碰面的時候，往往能夠聽到一些他在研討會中沒有提及的第一手資訊，也會令人油然生出親近感。

不過，即使沒有交換名片，光是去研討會就非常有收穫了。

如果某位講者的有聲音頻你已經聽過好幾遍，去參加他主講的研討會體驗臨場感和真人實事的氣氛，將可以快速提升「耳讀」的成效。倘若對方是你欣賞的講者，那就更有加分效果。

只要嘗試一次，就會發現真的很不錯。

不見任何人，也能做到「發問學習」

我剛才舉了研討會的例子，來介紹「發問學習法」。

「『發問學習法』一定要參加研討會嗎？」或許有人會有此疑問。

其實不是。

不參加研討會，也能「發問學習」。說得極端一點，就算不見任何人，也能做到「發問學習」。

不見任何人的「發問學習」？這怎麼可能？

事實上，確實可以。

接下來，我們就來談談「發問學習法」的精髓。

說到「發問」，我們大多會聯想到「問別人」，這似乎是理所當然的事。

問研討會的講師、問學校的老師、問學長、問主管等，反正腦海中出現的印象，通常是詢問「他人」。甚至「發問學習法」這一個名稱，最初也是由「面對面向他人提出問題」而來的。

但是，如果真是如此，「發問學習法」會不會太難了點？

參加研討會，可是不敢發問。

滿腹疑問，但不好意思請教別人。

我相信一定有很多人有這種情形。

對這些人說「請你去見一個人，想問什麼就問什麼」，根本是白費工夫。

其實，「發問學習法」未必需要與人面對面。自己一個人聽耳讀音頻也能充分達到「發問學習」的效果。

我在「耳聞學習法」和「傾聽學習法」的章節說過，不管是用CD、錄音帶還是MP3進行「耳讀」，總之重點是「反覆聆聽」。重複聽很多次，就能漸漸明瞭「這個人有這種想法」或「這個人擅長這方面」。

就算無法一字不漏地記得說話內容，但是大略可以掌握這個人的價值觀和專業領域。「耳聞學習法」在這部分發揮很大的效用。

持續「耳讀」到某種程度，你可能會累積不少CD或音檔，此時我希望你能檢查一下CD架或電腦的音檔。

因為，知道自己有多少CD或音檔，了解每個檔案是誰說了什麼話、談到哪個領域的學問，你就能知道誰可以解決自己心中的哪些問題。之後你遇到問題的時候，只要挑出可以解決該問題的人的音檔，把它播出來聽即可。

我們想要約人去玩的時候，往往會看看手機上的聯絡簿，思索著「找誰一起去比較好」。不管是看電影、兜風、討論工作上的事等，我們大多會依照場合的不同選擇對象。

這個道理同樣可以套用在「耳讀」上，我們可以依照當時遭遇的問題，選擇要聽什麼。

抱著「求助」的心態聆聽

選擇CD或音頻來聽。

光是注重這個環節，可能會認為「發問學習法」跟「傾聽學習法」也沒什麼不一樣。但是這兩種學習方法，聆聽時的感受完全不同。

採用「發問學習法」時，一開始你是有疑問的。是先釐清想問什麼，再開始聽CD或音頻尋求解答。

實際上，我聽CD時便是抱著這種心態。我有這些疑問。所以，請協助我。

前面我已說過，稻盛和夫先生是我很尊敬的一位企業家。因此每當我在經營上碰到難關、走進死胡同時，我會很認真地懷著「稻盛先生請幫助我」的心情，開始聽他的CD。

懷著「求助、請教」的念頭聽有聲書時，對方所說的話題、措詞、訣竅或思考模式等，我們都會放開胸懷、一一接收，在意識中不斷地審視什麼是我們解決問題的線索。

意識到自己是「當事人」，就是有如此強大的力量。

「這一段話說的好像是另外一個世界的事」、「原來別人會發生那種事情啊」……，平常的時候，即便我們專注傾聽CD，仍偶爾會覺得好像在聽一個與自己無關的故事。

但是，如果你懷著「求助、請教」的念頭，用與講者對談的心態來聽，便常常能與自己的疑問相聯結。

倘若聽CD時意識著自己是「當事人」，那麼儘管同一張CD已經聽了不下數十次，還是能從中找到有助於解決問題的新發現。

虛懷若谷學得更多

從事「耳讀」之際，有一個基本態度絕對不可忘記。

那就是：**不論你請教的是CD還是人，發問時，態度一定要保持謙遜。**

歸根究柢，你為什麼要提問呢？

答案很簡單，那就是「我不懂」。

總之，你必須先體認到「我對於這方面是無知的」這個大前提，才能夠開始發問。

我不懂。這是基本心態。

不過，從真正的意義來說，理解這一點並不容易。

請各位回想過去學習時的狀況。

「那種事我早就知道了。」讀書的時候、聽人說話的時候，你心裡是否曾經浮現過這樣的念頭呢？恐怕每個人都曾經動過這種念頭吧。

聽CD的時候，應該也會出現相同的心態。

不過，我希望各位不要因為這麼想就放棄了。

「不以為然」的時候，你更應該回想「資訊→知識→智慧→應用」這個學習周期，重新想想你所知道的是哪個階段中的哪個部分。

你所知道的，是單純的資訊？或者，只是「知識」？

如果，你對事物的理解已達到「智慧」、「應用」的層次，早就採取行動解決問題了，不是嗎？現階段沒有辦法解決、仍舊坐困愁城，表示你自以為知道的內容，還有很多該學的。

大多數成功人士在有聲書中，都會根據自己的體驗娓娓道出很多事。

這裡頭當然也包含了知識和資訊。但是，他們真正在談的，是如何把資訊和知識化為自己的智慧，加以應用，並且實踐目標。

各位一定要藉由耳讀吸取這部分的經驗。

我曾經在談話CD中聽過這麼一句話：**「過於費時，表示你不懂。」**

這句話的意思是：總覺得工作繁重、怎麼也做不完，老是抱怨著自己沒有時間的人，其實是不懂得如何有效率地完成工作。

簡言之，這段話告訴我們，只要肯用心學習，就能夠工作得更有效率。

但很多人聽了這段話可能不以為然：「不論怎麼想，就是覺得時間不夠啊！」或者反駁：「我的工作量確實太多了。」這些人不是不了解有效的工作方法，而是不想改變自己的堅持，認為問題就是出在時間與工作量不一致。

正是這種時候，人更應該放下身段，從「原來我不懂」的心態出發，抱著「求助、請教」的念頭聆聽CD。

只要懷抱謙遜的態度，一定能夠找到有助益的答案。

不瞞各位，我自己就是聽到這條訓誨而恍然大悟的。

其實這是詹姆斯・史金納（James Skinner）所說的話，他因《成功的九個步驟》（あなたの夢を現実化させる成功の9ステップ，暫譯）而享譽國際，他在書中舉了一個有趣的例子，告訴我們「浪費時間就等於不明白做法」的真義。

這裡我要問各位一個問題：從東京到美國，需要花多少時間？

我想大多數的人會回答「八小時或是十小時」吧。

但是，如果在百餘年前問同樣的問題，得到的答案應該是「二十天」，甚至「一個月」等等。

就是這樣。因為那時的人們還不知道「搭飛機」這個方法。

話雖如此，但即便現在，仍有很多事實是我們所不知道的，像是搭軍機只要花三小時就可以從東京飛到美國。

雖然這是個極端的例子，但是光從「由東京前往美國」這點來看，花太多時間只能說是你自己不懂得方法了。

我聽到這句話之初，打從心底感到佩服：「哦——，原來如此。」

大家以為如何？

從內打造自己的新人格

在這一節，我們來談談「發問學習法」的最後形式。

不囉唆，先問各位一個問題：

面臨重大難題的時候，你會先問誰？

家人、朋友、主管、老師……等等，你的腦海想必浮現很多人的臉孔吧。

但是，有沒有人排在這些人的前面呢？

請各位再仔細思考一次。

對了，就是「自己」。

不論發生什麼樣的狀況，問別人「怎麼辦」之前，一般人應該都會先問問自己該怎麼做。

「那麼，我該怎麼做才好呢？」大家會這樣自問。

或許大家平常沒怎麼意識到，不過，日常生活中我們最常對話的對象，絕對是自己。

自問，自答。

人們就是藉由這樣無意識的自問自答，對日常諸事拿定主意、做出決定的。

這裡，我提議應用一下「發問學習法」。

請各位思考前面所介紹的「耳聞」、「傾聽」、「發問」，同時把「耳讀」練得更加拿手。

反覆聽CD，領會講者的聲音、語調和說話方式，徹底吸收他的價值觀和原則。如果情況允許，還可以把一些話當口頭禪背起來。

一旦你達到這種層次，以後遇到問題時就算不聽該講者的CD或音頻，通常也能預料到他應該會怎麼想、怎麼做。

也就是說，屆時在你的腦中除了你自己之外，還存在著另外一個（或是兩個以上的）人格。那個新的人格在想什麼、會說出什麼話，在某個程度上你是預測得到的。而且，那個人格就是你愛聽的CD的講者——是能夠達成你的目標、你所尊敬的那位成功人士。

這麼了不起的人早已存在你心中。

這不是很棒嗎？而且，你會盡量利用這種狀況。

遇到什麼問題時，人會無意識地問自己：

「現在我該怎麼做？」

既然有了不起的人住在你心裡，這時候你當然會順便問一下那個人。而不可思議的是，他所提示的答案，往往是你獨自思考時想不出來的。

這就是「發問學習法」的終極形式，甚至可視之為其基本精神。

感到迷惑時，請務必問問自己：「如果是那個人，他會怎麼做？」倘若有答案出現，表示你已經擁有成功人士的價值觀了。

不過即使你沒聽到回答，也不用氣餒，再繼續反覆聆聽CD就行了。

與頂尖智囊團舉行心靈戰略會議

我經常向心裡的那些人提問。

猶豫不決時，我經常自問：「如果是他遇到這件事，會下什麼樣的判斷呢？」、「那個人會著眼於何處呢？」

而最近，這種發問更進化了。現在我會舉行「心靈戰略會議」。

「心靈戰略會議」一詞乍聽之下好像頗像那麼一回事，事實上，我所做的事情，跟以前沒什麼兩樣。

會議的形式是：我會針對某項問題，對心目中的人物提出疑問，只是我會召集好幾個人一起來開會。

例如與經營有關的問題，我會在心中召集松下幸之助先生、稻盛和夫先生、比爾．蓋茲先生一起開會。

真是冠蓋雲集啊！這個陣容簡直是「頂尖智囊團」，然而在腦海中，你隨時可以邀請到這些大人物。緊接著，想像著松下幸之助會怎麼做、比爾．蓋茲會如何思考，同時謀求解決之策。

接下來，我甚至會邀請歷史上的偉人們，一起參加心靈戰略會議。比方說，邀請坂本龍馬、織田信長和比爾．蓋茲對談。

召開心靈戰略會議後，我發現了一件有趣的事。

每當我就他們個別的性格進行思考，就會想起平時我已經遺忘的小故事，像是比爾．蓋茲有個什麼不尋常的故事、松下幸之助兒時是哪種作風……。潛藏在我腦中的細微資訊，會在此時被引導出來，塑造出他們的人格。

那些資料都是平時我隨意聆聽CD時，不知不覺流入心底的。

即使是這種時候，放鬆心情隨意聽聽，反而能收到不錯的效果。

另外，召開心靈戰略會議時，我們會很在意自己之外的人有什麼想法——這在解決問題時是非常重要的。

當我們為某件事煩惱不已，大多是因為封閉在自己的思維中。

請想想你自己的經驗。

「這下問題大了，該怎麼辦？」當我們感到走投無路時，可曾想過別人的想法或點子？恐怕腦海全被自己的想法給占滿了吧。

我也是這樣，愈是鑽牛角尖，愈會滿腦子充滿自己的執念。但遺憾的是，愈是封閉在自己的思考中，愈是看不見周遭，也離問題的解決之道愈遙遠。

愛因斯坦曾說過：「用導致問題的層次進行思考，是無法解決問題的。」

也就是說，發生問題的時候，你必須跳脫原本的思考層次去思考，才可以解決難題。正因為如此，你必須在心裡詢問其他人格：

這個問題該怎麼解決才好？

而平日善用「耳讀」吸收眾多偉人的價值觀，遭遇問題時一定有很多人可以提供你妥善的答案。

改變提問的措詞

「耳讀」當中的「發問學習法」已經大致談得差不多了。

這裡，我再介紹一個有效的做法。

那就是「改變（別人／自己）向自己提出的問題」。

在我的公司，我禁止同事說「問題」這兩個字。各位一定覺得莫名其妙吧。

具體來說，我們設了一個規定，不准同事用「清水先生，這裡有問題」、「問題在這裡」這樣的措詞。

「那該怎麼說才行呢？」你可能會這麼想。

在我的公司，「問題」都必須轉換成「工作」二字。以前面的句子為例，即「清水先生，這裡有工作」、「工作在這裡」。聽不習慣的人或許會覺得怪怪的，但訂出了這個規矩之後，員工們的意識有了驚人的轉變。

例如，有人說「清水先生，這裡有工作」時，我會很自然地回答：「是嗎？太好了，麻煩你幫忙。」

由於一開始就知道對話會是這樣，所以，人們的意識會轉為思考該怎麼處理這個「工作」，而不是把它當作「問題」而停下來。

我公司還有另一個規矩。

我們禁止說「不能」。必須將「不能」這個詞轉變為「怎麼樣才能做到」。

「三天內完成不了。」這個句子是NG的。

必須說「該怎麼樣才能在三天內完成」。

剛開始大家不習慣，的確吃了不少苦頭。但我會這麼規定，是因為就算回答「三天內完成不了」也無法解決問題。

既然如此，不如從一開始便思考怎麼做才能完成，反而比較妥當。

這兩個規定只是簡單的用詞替換。

但經由這樣的做法，我們也改掉了對自己提問的措詞。

「出問題了，這下該怎麼辦？」→**「有工作，要怎麼做？」**

「三天內完成不了，該怎麼辦？」→**「要在三天內完成，該怎麼做？」**

問話變得更積極了。

很多人說過，使用正向的措詞，狀況會改善，而使用負面的措詞則會使事態惡化。既然有那麼多人都說過這樣的話，表示有一定的可信度。

改變你的遣詞用字。

這方法相當簡單，但是效果卻非同凡響，我認為極有一試的價值。

好了，「耳讀」的「耳聞」、「傾聽」、「發問」這三種方法，我就介紹到這裡。只要各位切實實踐這些方法，你會從內在開始產生化學變化，轉變成「理想中的自己」。

是的，就像是蛹羽化成彩蝶一樣。

為什麼會有這麼大的轉變呢？關於這一點，我會在後面的章節詳談。

第三章

如何使你的「耳讀」收到效果？

好幾位成功人士
都說過同樣的話，
表示這句話至為重要，
也容易達到成效。

1 選擇CD／音頻也有竅門

令你呵欠連連的CD／音頻注定失敗

在這一章，我們來談談開始「耳讀」時更實際的做法。

首先，挑選CD、錄音帶、MP3音檔。

該選哪一種好呢？或許有些人走到了店門口時突然感到迷惑。

坦白說，「耳讀」本身並沒有特定的規則，所以沒有哪一張CD非選不可。

首先，要選擇好聽易懂、容易接受的素材。

可以先想想現在自己對什麼事最感興趣、最為關心，然後尋找那方面的ＣＤ或音頻來聽即可。

千萬不要硬挑自己沒興趣的素材，打著呵欠把它聽完。如果你對經營沒興趣，卻硬逼自己聽相關的ＣＤ或音頻，最後往往是草草聽完，接著就忘了內容。

我自己就有個慘痛的經驗。

剛出社會時，我心想，至少要考個財務計畫師的資格比較好，所以便花了十七萬日圓買了一整套ＣＤ。

當時我月薪還不到二十萬，每到月底便得錙銖必較、縮衣節食地過日子，經濟狀況相當拮据。但為了考個財務計畫師資格，我居然一口氣花掉十七萬，如今回想起來，自己都覺得不可思議。

但是，當時的我對財務計畫師這個工作並沒有興趣，最後不只ＣＤ沒聽，更別說去考檢定考了。

現在想想，真是太浪費了。

為了讓各位別重蹈我的覆轍，我建議各位，開始「耳讀」時先挑選自己有興趣的素材。

另外，如果你讀了某本書，認為自己跟作者寫的東西頗有共鳴，就不妨聽聽該作者的有聲書，這是個不錯的入門方法。

我前面說過很多次，有些資訊或知識即使對自己而言不是新的，反覆聆聽其CD時仍然常有新的發現。所以，讀過而深有所感的書，它的有聲書是進行耳讀時很不錯的選擇。

聽你想效法對象的有聲書

世面上販售的有聲書題材林林總總，其中有不少都標榜「想成為○○○不可不聽」。

「耳讀」是幫助一個人成為理想自我的學習方法，所以，或許有些人覺得這些素材正好合用。

但是這裡要提醒各位注意一點。

如果你的目標是考取會計師資格，你會想要聽以下哪一張CD呢？

（A）會計師資格考試用CD
（B）想過關靠這張！◯◯會計師事務所知名會計師有聲書

不用說，一定是B吧。

選擇有聲書的時候，最要緊的是選擇一位懂得想像自己的未來、並且付諸實現的人所錄的CD或音頻。

想要考取會計師資格的人，目標應該不只是通過會計師資格考，而是一舉通過考試後，還能成為一流的會計師。

因此，聽聽已經實現這樣的夢想的人所說的話，感受他的能量，具有相當大的意義。

此外，此人所分享的經驗談，應該不僅止於「資訊」或「知識」，而是珍稀的寶物。

利用「耳讀」獲得資訊、知識自然不在話下，另外，它對汲取「智慧」和「應用」的部分，也有超高的價值。

從這一點來看，比起灌輸你某種知識的CD或音頻，選擇分享更多實際體驗的素材似乎更為理想。

不斷聽同類型的素材

選擇有興趣、想關心的主題展開「耳讀」之後，我建議各位，**盡量在短時**

間內多聽同類型的素材。

什麼CD比較好？哪種教法真的有價值？這些問題並不是短時間內就能得到答案的。

因此我希望各位多聽，以磨練出自己獨有的領悟力。

例如，即使同樣是談領導力的有聲書，每個講者說的內容也有天壤之別。

因此，我們會很自然地問自己：

「A和B所說的內容完全不同，那麼我自己想要怎麼做呢？」

這就是「發問學習法」。換句話說，A、B與你開起心靈戰略會議了。

必須多聽同一性質的有聲書，才能夠多方比較，進而思考各種見解，並且能自問自答。

此外，同性質的有聲書聽多了，往往會聽到同樣的竅門、類似的價值觀。

「上次那個人不是也說過同樣的話嗎？」這個時候，你會不會這麼想，並且停止思考？

聽到同樣的內容，不妨把它當成契機。

好幾位成功人士都說過同樣的話，表示這句話至為重要，也容易達到成效。

總之，汲取講者的想法，善用他的訣竅，如此一來會比較容易成功。

聽到同樣的內容時，更要專注地傾聽，同時想想：該怎麼做，才能將這個重要的價值觀吸收成為自己的？

此外，**我在聽很多同性質的有聲書時，若是覺得「這傢伙說得真不賴」，我會用「有味道」來形容。**

這是因為，反覆聽到同樣的話時，我會感覺「大家都覺得它很重要的部分」是一種「香味」。

聽了大量的演講，除了重要的訓誨之外，一些與自己相符的理念、對自己有用的訣竅等，都會不斷散發濃郁的香味。

聆聽有「聲」書卻聞到「香味」，我這種說法雖然很奇怪，但我真的希望大家盡可能多聽CD或音頻，磨練自己的嗅覺。

釐清三個目的，效果倍增

有聲書所談的內容，我大略把它分為三類。第一是訣竅，第二是動機，第三是經驗談。

當然，這三大類內容並非涇渭分明。有些講者述及自己的體驗，是想藉由經驗談教人訣竅，或是提升聽者的動機。

雖說如此，但聽著CD時，你仍可以為它分類，像是「聽這張CD，可以學到訣竅」、「這張會提升動機」。

那麼，實際上在選擇CD的時候，如果能夠釐清自己的目的是哪一種，效果將會更好。

例如，心情低落時，我就會聽安東尼．羅賓遜（Anthony Robinson）的CD，他是享譽全球的成功學講師。

我參加過很多次安東尼．羅賓遜的研討會，也讀過他的書，所以並不會從中獲得什麼新鮮的資訊。

但是，聽到他充滿力量的話，我便能振奮起來，重新感覺到「今天我也要好好拚一拚！」

安東尼．羅賓遜的有聲書算是很經典的「動機系CD」。

我有一位朋友，從車站搭車前往公司的路上，總是聽金恩博士的著名演說〈我有個夢想〉（I have a dream）。

聽到他鼓舞人心的演說，自己也跟著情緒高昂起來。

他所聽的，已不再是演說本身，而是演講中所蘊含的力量。

我常聽的耳讀CD

這裡，我簡單介紹一下平時我是選擇什麼樣的CD來聽。

首先，想學習市場理論時，我會聽神田昌典或傑．亞伯拉罕（Jay

Abraham）的CD。神田昌典是位超人氣諮詢師，作品有《非常識的成功法則》（非常識な成功法則，暫譯）等，著作等身。傑．亞伯拉罕則是《選對池塘釣大魚》（*Getting Everything You Can Out of All You've Got*）的作者，也是世界數一數二的諮詢顧問。

另外，金融、投資相關的題材，我會聽以《富爸爸，窮爸爸》聞名全世界的羅伯特．清崎的CD。

經營理論方面，我則是以松下幸之助、稻盛和夫的作品為主。

勵志方面，除了前面提到的安東尼．羅賓遜之外，我還常聽《成功的九個步驟》作者詹姆斯．史金納的CD。

這裡所舉的例子，都是該領域中首屈一指的知名人士，如果你有興趣的話，務必試聽看看。

自掏腰包有助於提高學習效果

開始「耳讀」的時候，一定要用自己的錢購買有聲書。

我會這麼說，可不是有人拜託我幫他的CD打廣告，純粹是為了提高各位的學習效果。

因為不論是誰，都會比較珍惜自己花高價購買的東西，而不是從別人那兒免費獲得的物品。

此外，**花的錢愈多，愈會產生「一定要賺回本」的念頭。**

而這種意識，則會提升學習效果。

比方說，你買了一萬日圓的CD教材，你會只聽一次就把它擺在一邊嗎？唱片一張約三千日圓，教材的價錢可是它的三倍呢。

我想大多數的人不會這麼浪費才對。

你應該會盡可能多聽幾次，至少從中多學到一點東西。而要提高「耳讀」

的效果，就必須要有這種意識才行。

有些CD售價比書本高出許多，然而倘若是用自己的錢買下的，一般人必定會想從中得到「物超所值」的東西。

請各位務必自掏腰包買「耳讀」的素材，以盡可能提升學習的效果。

2 有效果的聽法

真假無所謂，別心存懷疑

「他說的話，是真的嗎？」

向別人請教學問，或是從書中學習理論的時候，你會浮現這種念頭嗎？

我想每個人都曾這樣半信半疑吧？

聽到別人說「靠著這項專業技術，得到不同凡響的成就」、「接受這個價值觀，便能大大成功」，愈聽愈覺得「真的假的？」

「拿證據給我看，不然我才不相信呢！」說不定你還會這麼想。這種情緒我非常了解。

但是，這種思考在學習上，會成為很大的阻礙。

我並不是請你無條件的相信別人說的任何話。

但是，在學習一事上，「疑心」會使學習效果明顯打折扣。**當你懷疑它是否為真時，就表示你打從心底不想相信。**

壓根不相信的話，你會很仔細地把它聽清楚嗎？而不把話聽清楚，它就不可能匯聚成你自己的力量。

前面我說過，聽談話CD時，我會抱著「求助、請教」的心態。我盼望各位也能抱著這種念頭，靜下心來專心地聽聽別人的話。

是真是假，其實沒什麼關係。

那個人因為做了這件事而成功了，所以我也來試試看！

我希望大家能用單純的心思傾聽，並且實踐它。

曾有人說：**「不是因為看見才相信，而是因為相信才看得見。」**

我認為這是個真理。

不論什麼樣的事，請先相信它。

看看我所知道的成功人士，他們「姑且一信」的速度，實在快得令人咋舌。

聽到還不錯的訊息，立刻就轉化為自己的方式，加以應用、實踐。

就是這麼簡單得令人吃驚，因為他們從「情報」一口氣跳到「應用」。

但是，他們的確因而獲得極大的成果。

學習的成效並非一蹴而成，但耳讀的時候，切記放開胸懷接受講者的話，照著去做。如此一來，成功便離你不遠了。

別斷然否定他人的見解

想要誠心接受別人說的話，就必須經常提醒自己不要挾帶自身的價值觀。

我舉個簡單的例子。

你認為應該守時嗎？

九成以上的人都會回答「應該」吧？就連常常不守時的人，也都認為守時是重要的。

但是聽CD的時候，或許有些講者會說：「早晨的時間並沒有那麼重要，稍微遲到無妨，只要確實把工作做好就行了。」

在這種時候，我希望各位**不要因為聽到與自己價值觀不同的話，便不以為然地放棄不聽了。**

人本來就很難接受跟自己價值觀不同的意見或想法。我也一樣。

但是，因為價值觀不同，就立刻否定一些見解與意見，很可能會忽略掉真正重要的事。

何況，你不覺得CD買了不聽很浪費嗎？

以我舉的CD為例，耐心聽下去會發現，或許講者的用意並不是要聽者「不用守時」，而是要人「更專注地把工作做好」，或是「在放鬆的氛圍中，充滿創意地工作」。

剛開始你覺得「這話不對吧」，但耐心聽下去之後，它的見解或價值觀或許會大大改變你的工作觀。

讀書時，作者的價值觀也會有令人無法贊同之處，但「耳讀」會因為講者的說話方式、遣詞用句，而使得價值觀的差異更加明顯。

這種時候，我希望各位更專心傾聽，想想「這個人真正想說的是什麼？」、「他真正的用意是否隱藏在別的地方？」，用肯定的態度去聽他說話。這麼做，到最後一定會有助於你提升自身的技能。

準備好問題再按下播放鍵

前面已提過CD的選擇方法，但我要再次強調，確定目的再「耳讀」是非常重要的。

那麼，該怎麼做才能釐清自己的目的呢？

這個時候，重點不是「怎麼聽」，而是「怎麼問」。

聽有聲書之前，先釐清自己想問這張CD什麼、想請它教你什麼。

極端的做法是，在按下播放鍵前，先說：「請教我關於〇〇的學問。」

這時候，想像自己正親自面見講者，向他提問。盡可能準備實用的問題，以便意識到自己是「**當事人**」。

如此一來，你會更感覺到對方像是在對你說話，因而一邊沉浸在對話中、一邊不知不覺地聽下去。

這不是什麼奇妙的體驗，只要聽者高度意識到自己是「當事人」，往往就會有這種現象。

聽到佳句時大聲唸出來

反覆聆聽是「耳讀」的基本態度。

本書也一再強調「反覆聆聽的重要」。

不過，在此我還是要不厭其煩地再說一次，反覆聽真的很重要。

尤其，**最好一聽再聽，直到一聽到重點就能自動背誦出來。**就算沒有把整張CD重複聽一遍，至少要重複聽自己覺得重要的地方，這麼做也會收到很大的效果。

此外，聽到佳言的時候，建議你當場朗讀出聲，這麼做可以幫助你將句子牢記在心，將觀念更強烈地輸入自己的大腦中。

「耳讀」的時候，不時會聽到精彩的句子，會不斷聽到你很想快點記下來的佳言。

在這種時候，請盡量將句子朗讀出來。

我自己也是每聽到佳言就大聲唸出來，即使當時正在走路、洗澡，照樣「出口成章」。

既然機會難得，我就介紹一下我經常掛在嘴邊的名言。

「下決定的瞬間，便決定了命運。」（安東尼．羅賓遜）

「不能成功的唯一理由，是吸收了應該學習的資訊，卻沒有立刻實踐。」（吉姆．羅恩，美國思想家，安東尼．羅賓遜的導師）

「如同明天要死去般地活下去，如同會永生般好學不倦。」（甘地）

「人的生存方式只有兩種。一種是沒有奇跡地活著，另一種認為奇跡一定會降臨。」（戴爾．卡內基）

聽完之後畫圖整理

最後，我們來談談聽完CD之後要做什麼。

聽CD的時候筆記下來雖然很好，不過，如果要在通勤途中輕鬆地做「耳讀」，寫筆記似乎有點不太實際。

因此，我的做法倒不是勤作筆記、記下句子，而是在聽完CD後將內容的大意畫成圖畫。

從大腦的功能來說，將耳朵聽到的資訊畫成圖，可以鍛鍊聯繫左、右腦的腦幹和胼胝體。就算你原本的目的不是要鍛鍊大腦，把CD內容畫成圖也可以整理自己聽完的感受，容易留下印象。

以我本身為例，我會用東尼·博贊（Tony Buzan）所發明的「心智圖法」來圖解整理。希望進一步了解這個方法的人，可以參閱《心智圖聖經》（*The Mind Map Book*，東尼·博贊、巴利·博贊合著）。

第四章

靠「耳讀」達成「理想自我」

想改變「結果」這朵花，
就必須從最根本的
狀態著手改變。

1 耳聞、傾聽、發問，讓耳讀「發揮效果」

想像「理想中的我」

讀到這裡，各位是否已經了解「耳讀」的三大步驟「耳聞」、「傾聽」、「發問」了呢？

一旦能夠靈活運用這三個步驟，持續「耳讀」之後，最後就能到達第四階段——「（取得）效果」的狀態。

「效」這個字，在日文中是「發揮效果」的意思。

事實上，「耳讀」在許多層面都能發揮效果。「耳讀」能應用、活用在許多領域，不論是學習語文、提升記憶，還是學習經營、營業等商務技巧，這個方法都能收到不錯的效果。

那麼，「耳讀」在哪方面最有成效呢？

答案是「明快」。

「耳讀」對人生有助益。

本書開宗明義地說，「耳讀」是一種造就「理想自我」的學習方法。

能用英語流利地交談、通過檢定考試、培養商務技術等等，或許都是非常重要的目標。

但是，達成這些目標並不是我們的終極目的，它們充其量不過是「中途站」罷了。

會說英文，生活會變得如何？

通過檢定考試，會走上什麼樣的人生？

還有，最後你會成為什麼樣的人？

在人生中，最後這一件事難道不是最重要的嗎？

而「耳讀」對最後這一環最有助益。因此，開始「耳讀」之際，請各位一定要確定自己「想成為什麼樣的人」。

好，想像出「理想自我」了嗎？

為了成為「理想中的自己」，在過程中你可能必須通過考試，或是累積必要的資訊、知識。

但是，如果一個人打定主意要成為什麼樣的人，就能夠不偏不倚地朝著目標學習下去。

有時候我們學一門功課，會因為太專注於眼前的考試和經濟效益，而忘了真正的目的。

在這種時候，很容易陷入負面的循環，不時自我質疑：「我到底在做什麼？」、「為什麼會有這些痛苦的念頭……」

現在，你所做的事都是為了成就「理想中的自己」。

請確立它的形象，不要丟失了。

若是從這個立足點開始實踐「耳讀」，即使是挑選CD這件事，你都會有更明確的基礎去找出實踐著「理想自我」的人的談話。

不要給自己設限

思考「理想自我」的形象時，切記，不要給自己設限，認為「我絕對當不了〇〇〇」之類。

不要妄自菲薄。

自稱是因為「看透現實殘酷」，才設定一個高不成低不就的「理想自我」，這完全沒有意義。

在「耳讀」時，聽的是實踐著「理想自我」的人的談話，一旦你半途而廢，那麼你所聽到的東西不過是斷章取義。

這樣不是太可惜了嗎？

既然要聽，就該以這些成功人士，或是獲得非凡成果的人為榜樣，將他們的談話從頭聽到尾。

所以，當我們思考「理想中的自己」時，不用對自己客氣。

毫不設限、老老實實地問自己：「我想當個什麼樣的人？」

這就是「耳讀」的開始。

接著持續「耳讀」，日後必定可以成為「理想中的自己」。

我相信，有很多人聽了我這番話，仍舊無法相信耳讀有這樣的功效。

因此，本章接下來將從幾個角度切入，詳細說明「耳讀」為什麼會對人生有助益。

2 現在的狀態將決定結果

追求成功的活動循環

在日復一日的生活或工作中，你是否已經得到滿意的成果？

聽到這個問題，毫不猶豫回答「是」的人，應該已經相當接近「理想中的自己」了吧？

但很遺憾，對於這個問題，大多數的人都無法篤定地回答：「是。」

我們該怎麼做，才能得到滿意的成果呢？

如果有一種魔法可以協助我們在生活上、工作上獲得滿意的成果，我想幾乎所有人都希望知道這方法。

說是「魔法」是太誇張了，但是為了改變結果，我們必須先理解：什麼樣的架構可導引出結果？

你知道嗎？「結果」其實是取決於某個循環。

「這我過去倒是沒想過。」幾乎所有人都會這麼說。

但我讀書、「耳讀」之後，發現了它的循環，即：

「狀態↓行動↓結果」這三個活動的循環。

現在你所處的狀態，決定了接下來你會採取什麼行動；而該行動會導致決定性的結果——這便是它的循環。

我們用個實際的例子來思考，這個例子在第一章也用過。

假設有一個業務員要販售一台一百五十萬日圓的辦公室機器。但是，這幾個月來，他一台也賣不出去。

一回到辦公室，他就遭主管叱責；回到家，家人也都沒好臉色。每天他就在這種氣氛中度過。

然而，他還是得去拜訪下一個客戶，推銷機器。

你認為，他在下一個客戶那裡就賣得出機器嗎？

如果狀況一成不變，他就算找下一位客戶恐怕也賣不出機器。已經幾個月沒生意上門的人，不可能突然時來運轉。

這裡，請你想像一下。

幾個月來完全做不成生意的業務員，會是什麼表情、什麼態度？

恐怕是愁眉苦臉、垂頭喪氣地站著吧。

這就是該業務員現在的狀態。

而用「狀態↓行動↓結果」的循環來思考，這個業務員愁眉苦臉、垂頭喪氣的狀態，會引導出他接下來的行動。

也就是說，到了下一個客戶那裡，他會採取「賣不掉的狀態」所引導出來的行動。比如：表情沒有魄力，說話沒有說服力，舉止表現不出絲毫自信……，諸如此類不難想見的行為模式。

而上述這些表現，自然得不到好結果。

想改變結果該怎麼做？

從做不成生意的業務員一例，各位應該都已經了解「狀態↓行動↓結果」這個循環了。

但是，以這個論點來看，沒業績的業務員豈不是永遠做不成生意了？

現在的狀態很惡劣↓從惡劣的狀態產生惡劣的行動↓導致惡劣的結果

照這麼說，豈不是永遠無法跳脫出這個惡魔的輪迴？現在不成功的人，豈不是永遠無法翻身？

當然，事實並非如此。

工作不順利的人，只是不懂得怎麼樣創造「好的循環」罷了。

我再說一次，程序是「狀態↓行動↓結果」。

注視這三個步驟，該怎麼做才能改變結果呢？

請仔細想想看。

是改變行動嗎？

非也非也，不是的。**一個人的行動是由他當時的狀態所引發的，所以想要改變結果，這個人必須先改變自身「狀態」。**

但是，很多人為了改變結果，而改變行動。

他們改變營業規則、學習新的經營技能，並且調整行動去配合它。

這種嘗試本身並沒有什麼不對。

但是，從「狀態↓行動↓結果」的循環來思考，改變行動不但奇怪，而且不太可能。

請各位從播種、發芽、開花的循環來思考。

如果你想讓植物開出不同的花，就必須播下不同的種子。否則到了發芽的階段，不論做什麼，都不可能開出不同的花了。這是個簡單明瞭的道理。

也就是說，**想改變「結果」這朵花，就必須從最根本的狀態著手改變。**

「耳讀」助你跳脫痛苦的狀態

那麼，該如何改變狀態呢？

狀態是由結果創造出來的，因此要改變狀態並沒有那麼容易。換句話說，只要結果不佳，狀態就好不了，永遠循環下去。

因此，如果什麼都不做，就只能一再陷入惡性循環中。

但是，如果利用「耳讀」聽到成功人士的談話，又會如何呢？

請想像一下。

沒業績的業務員，從成功人士那兒聽到下面這段話：

「我剛開始也完全做不成生意，過了好幾個月業績掛零的日子，但我仍一直堅持下去，相信總有一天能賣出商品。

「奇妙的是，當我簽到第一筆合約後，銷售速度便和從前迴然不同了。」

說個題外話。麥當勞的創辦人雷・克洛克（Ray Kroc）曾說：「人們以為我是一夕成名，但這一夕是三十年，回想起來真是漫長的一夜啊！」

連獲得巨大成功的麥當勞都花了三十年的歲月，這麼一想，就會覺得成功的確需要長時間的經營。

好，言歸正傳。我們回頭看看那位賣不掉商品而開始「耳讀」的業務員吧。

這裡，請各位先想想「耳讀」的基本概念。

「耳讀」最重要的是，不疑神疑鬼、不挾帶自己的價值觀，誠心地聆聽。

若能遵守這一點，那位業務員的心態會有什麼樣的轉變呢？

「真的嗎？那個人剛開始也賣不出去呀？」

「再堅持下去，說不定哪天就賣得掉了。」

「只要踏出第一步，後面就輕鬆了。」

你想，他會不會萌生這種念頭呢？

總之，業務員的狀態出現了變化。

一旦狀態起了變化，後面的發展就操縱在自己手上了。新的狀態會導致新的行動，從而帶出新結果。

當然，不太可能一下子改變所有狀態，立刻得到最好的成果。

但是，持之以恆地進行「耳讀」，不斷地接收正面的訊息，一個人的狀態絕對會逐漸改善。

這就是為什麼，我建議在學校、在工作上感到吃力、痛苦的人，一定要試試「耳讀」。

找一張能鼓舞你、使你正面思考的CD——一張能夠直接傳達講者情緒、能量的素材，在工作之前聆聽。

聽完CD，待自己的狀態改變後再開始工作，你的行動一定會不同以往。**積極的狀態，一定會產生積極的行動。**

用負面心態看事情，對結果永遠不滿的人，通常會把焦點放在「哪些事很討厭」、「哪個部分很辛苦」等負面事物上，於是狀態便愈來愈糟。

想要脫離這種惡性循環的人，建議你丟開煩惱，聽聽勵志的CD，改變你的狀態。

這方法再簡單不過，但相當有用。

仿效實現「理想自我」的人

還有一個改變自我狀態的錦囊妙法。

在公布這個方法之前，我想先做個實驗。

首先，請你想像自己就是那個拉不到生意的業務員，裝出他的模樣。

接下來，請你再扮出向來業績長紅的超級業務員的姿態。

處於這兩種狀態時，人的表情、動作，背脊的曲伸、站姿等許多地方都有所不同。說不定連說話的聲調、方式都不一樣。

這也是一種狀態變化。

光是裝出超級業務員的姿態，你的狀態就會改變。

像這樣扮演一個人的姿態，叫做「模仿」。「模仿」能夠非常簡單地改變一個人的狀態。

如果對任何動作都沒有特別意識，那是你自己的動作。

但是，**模仿某個人，能使自己的狀態稍微接近模仿對象。**

只要模仿一些小環節就可以了，像是站姿、動作、口氣、聲調、行為、視線等，任何事都可以模仿看看。

當然，如果想要讓自己的狀態有顯著的改變，就必須模仿得更加細膩。拿某個實際存在的人來模仿，而非漫無目標地想像著超級業務員是什麼模樣，如此模仿起來會比較真實。

誰是你想模仿的對象？

當然，這個人一定是正在實現「理想自我」的人。如果你能找到值得作為模範的人，就應該立刻開始模仿。

此外，現實中見得到面、可以在近距離觀察的人，更適於模仿。盡可能細膩地、大量地捕捉構成此人（人格）的特點，就能夠模仿得更加惟妙惟肖。

但是，愈是有非凡成就的知名人士，愈是不可能近身接觸啊！

因此，我希望各位能多多利用「耳讀」。

如果能在研討會中見到講者本人，那是再好不過。然而，只聽CD也能體會那個人的說話方式、聲調、用詞等等。

再多發揮一點想像力的話，說不定還能從講者說話的氛圍，在腦海中描繪出他的站姿、動作呢。

這就是「耳讀」和完全仰賴文字的「讀書」之一大差異。

模仿絕非難事。拋開顧忌盡你所能地模仿，即使只是小細節也沒關係。

光是模仿簡單的動作，狀態就能接近你心目中的榜樣。

總之，盡可能使你自己的狀態貼近心目中的榜樣，採取跟他類似的行動，就能夠愈來愈接近你的目標。

這個思考方法相當簡單，希望你能試試看。

行動或結果出現變化之後，你一定會樂在模仿、玩得欲罷不能。

自己的價值觀或理念，
都不是自己決定的，
而是環境造就而成。

3 在腦中安裝最完美的程式

人也有作業系統和軟體

「耳讀」是造就「理想自我」的學習方法。

這句話，本書再三提及。

那麼，「藉耳朵進修的學習方法」，跟一般學習知識或技術的方法，到底有什麼根本上的差別呢？

這裡，我再就這一點仔細談談。

學習，跟電腦安裝各式各樣的程式相當近似。

也就是說，所謂的「理想中的自己」，便是指你最終想像自己是一台什麼樣的電腦。

請想像一台真正的電腦。

比較現在你所用的電腦、別人用的電腦，或是最新型電腦，想想看你自己最想用的是什麼樣的電腦？

然後，再想想，你想安裝最新版的作業系統嗎？

你想買高價的防毒軟體嗎？

還是要有編輯動畫的軟體？

每個人對電腦的需求都不一樣。

人也是同樣的道理。

拿現在的自己跟別人比較，就會希望自己具備更多這種能力、擁有那種知識、取得某種資格……，而這，就好比想著要在「自己」這台電腦裡安裝什麼樣的軟體。

你所需要的程式是什麼？

在我們具體思考自己需要什麼樣的「程式」之前，先審視一下程式到底是什麼東西。

我們應該安裝的程式大致可分為兩種。

不論是你個人的電腦，還是公司的電腦，一定都有這兩種程式。你知道是什麼嗎？

除了電腦基本的作業系統程式，還包括作業系統之外的軟體。

如各位所知，電腦裡都備有Windows或MAC等基本作業系統軟體。

之後，再安裝配合系統的軟體（像是WORD或EXCEL等），才能成為一台使用方便的電腦。

那麼，對人來說，作業系統又是什麼？

就是形成一個人根本的事物。具體來說，「人的作業系統」相當於自我認同、理念和價值觀。

我是這樣的人。

我想這樣活著。

這就是「人的作業系統」。其他像是「我愛極了這種東西」或是「只有這種事我無法忍受」等想法，同樣屬於個人的價值觀、理念，因此也算是作業系統的一部分。

相對於此，我們所學習的技術、訣竅等，都屬於其他類軟體。

有一件事很有意思，在電腦裡，通常無法安裝與作業系統不合的軟體。例如：在Windows系統之下，我們無法安裝MAC所用的軟體，否則作業系統就會發出阻擋的訊息。

各位不覺得人也是一樣嗎？

一個人的作業系統如果痛恨與人爭執、打架，就不太會去學習拳擊的技術。

因為作業系統和軟體不合。

在「我想要成為那種人」的思維中，如果不包含想在商業上成功的要素，那麼這個人應該不會學商務技術。

總之，人就像電腦一樣，心底有一個作業系統（自我認同、價值觀、理念），跟這個系統合不來的軟體（知識、技術等），他就不會去學。

思考自己應該安裝什麼軟體

這裡，請各位將自己想像成一台電腦，想像你的心或身體是由作業系統和其他軟體所組成。

然後，再明確地想像一下自己的理想形象（最完美的電腦）。

比較這兩者的差別後，請問：什麼程式是你非安裝不可的？是技術、訣竅等軟體，還是最基礎的作業系統呢？

當然，每個人的答案都不一樣。

不過，我在想：升級乃至於更換作業系統的人，會不會比更新瑣碎小軟體的人多呢？

大多數學習卻沒有成果的人，並沒有注意到這個問題。

首先必須安裝的是作業系統，但學習成效不彰的人往往一味地安裝軟體，結果當然無法啟用。

我覺得這樣的人應該不在少數。

一說到「學習」，這類人大多只想到「安裝瑣碎的小軟體」——他們常常誤以為複習功課、為檢定考參加補習、培養工作上需要的訣竅或技能等，就是認真學習。

但是，如果沒有安裝優秀的作業系統（自我認同、價值觀、理念），就算你安裝最新的軟體，它的能力也無法發揮。

平日經常使用電腦的人，應該會了解我的意思。

應該沒有人只更新WORD或EXCEL等軟體，卻還使用舊版作業系統。因為安裝那些軟體，就必須先升級作業系統。

價值觀日日升級

我們購入電腦的時候，電腦大多已經預先安裝了作業系統。也就是說，作業系統打從一開始就固定了。

但是，人的作業系統並不是一開始就決定的。剛出生的小嬰兒並沒有自我認同、價值觀和理念。

那麼，人的作業系統會在何時裝入？

又是如何安裝進去的呢？

一般來說，價值觀和理念是由衝擊性的事件或習慣所形塑而成。

我常聽人說，生下孩子之後，自己的價值觀和人生觀都改變了。另一種常見的事例，是大病一場痊癒之後，某些人會就此改頭換面。

發生衝擊性的事件，會使得作業系統起變化。

如果沒有遭遇這些重大事件，人的作業系統則會在日常生活中慢慢形成。

各位可以想像作業系統慢慢安裝、逐步升級，應該就不難了解這個道理。

自己的理念和價值觀在日復一日的生活中逐步成形，這件事在某個意義上來說，就好比你每天在「被洗腦」中度日。

舉例來說，許多人會一早打好領帶，到公司上班。

如果你也是如此，你可以告訴我為什麼要這麼做嗎？

每個人工作的理由都不一樣，但是許多人都認為打領帶「是應該的」。也就是說，這是你的價值觀。

但事實上，某些人看來理所當然的事，在不同職業或文化圈的人看來，說不定很突兀。

經歷的事不同，就會產生不同的價值觀。換言之，環境一旦改變，「洗腦」的內容也會隨之不同。

有的人或許對「洗腦」這個字眼印象不佳，不過，這與安裝程式的意思是一樣的。

也就是說，到頭來，你會因為日常生活中的種種經歷，而在內心安裝各種程式——不論你喜不喜歡。

或許我的觀點太極端，但我認為，自己的價值觀或理念，都不是自己決定的，而是環境造就而成。

既然「被洗腦」無法操之在己，大家不妨多安裝自己喜歡的程式吧。

「理想中的我」需要什麼作業系統？

學習的目的，在於形塑「理想中的我」。

而「學習」這件事，就是在「自己」這台電腦上安裝程式（作業系統或其他軟體）。

將這兩者綜合起來，思考自己必須安裝什麼程式才能造就「理想中的我」，是非常重要的。

在程式中，我們必須考慮「理想自我的形象」，要具備什麼樣的作業系統（自我認同、價值觀、理念），還有什麼樣的軟體（知識、技能）。

慎重思考、確定目標之後，就必須比較目前的作業系統與「理想自我」的作業系統有什麼不同。

再說一次，作業系統不對的話，你就不能安裝正確的軟體。

因此，確實安裝吻合我們目標的作業系統，再重要不過了。

「耳讀」最適合安裝作業系統

這時，「耳讀」就要上場了。

「耳讀」對人生有助益。

為什麼？

因為「耳讀」是安裝作業系統的最佳方法。

安裝作業系統的時候，必須要遇到你所認同的新價值觀、理念或者是談話內容。

價值觀、理念、談話內容等，都無法像精細的技術一般系統化，或者訴諸文字，也不是光記住「A＋B＝C」這類明確的公式就能學會。

總之，要正確地安裝作業系統，除了聽進講者的談話內容，還要藉由聽他的談話感知他的氛圍、溫度等能量。

當然，讀書也能改變價值觀。

所以，我們應該盡情閱讀。

但是，「耳讀」是更直接感受能量的方法。因此，「閱讀」和「耳讀」雙管齊下，應該能使作業系統的安裝更為順利。

「思想」的能量會逐漸改變你

稍微說個題外話。

我畢業於大學的理工科系，大學時代學的是原子物理。

什麼？聽起來好像是門艱深的學問啊！

很多人可能會這麼想吧。

但我在這裡沒打算說什麼艱深的事。

各位還記得國中自然課所教的有關細胞的部分嗎？

希望大家努力回想一下。

細胞被細胞壁所包圍，中央有個細胞核。四方形的框框裡，有個像眼睛一樣的核，這圖像你們還記得嗎？

細胞真的是非常奇妙的構造，裡面幾乎是空蕩蕩的。

假設一個細胞相當於東京巨蛋，那麼細胞核就只有乒乓球那麼大。它的周圍則有棒球大小的電子在繞行，除此之外幾乎完全是空的。

這些空空的箱子大量集合起來，組成所有物質，包含「人類」。聽我這麼解釋，各位不覺得我們很脆弱、很危險嗎？

用另一個方式來形容的話，就好像用空紙箱堆疊起來蓋成房子一般，誰都不想住在這麼不安穩的家裡。

但是，人類原本就是這樣的東西。

空蕩蕩的狀態裡，卻充滿了能量。

正因為它塞滿能量，所以即使空蕩蕩的，也能保持一定的形狀，並且發揮各種功能。

細胞能量的部分，很難用三言兩語說清楚。如果能把它拿到桌上，指著它說「這就是能量」，那就簡單多了，問題是做不到。

勉強來說，聲音、語言也是一種能量。

例如，有人對你說「你真棒」時，你會有什麼感受？

在聽到這句話的瞬間，你心裡應該產生了某種變化。或高興、或感動、或害羞，總之，心裡發生變化了。

而讓你產生變化的，正是能量。

相反的，如果有人對你說：「你是個笨蛋！」這句話又會在你心中發生完全不同的變化。

這也是能量造成的。

特地說起能量，是因為我認為在安裝作業系統時，不能缺少能量。

只吸收資訊和知識，並不能改變人的價值觀或理念。

我想，擁有打動人心、搖撼人的根基的力量，少不了講者的熱情，以及無法用語言形容的「思想」——這些都是能量。

事實上，在原子物理學上已經證明，所有的物體都是由「資訊」和「能量」所構成。

感受能量、安裝作業系統，之後再學習必要的技能。

想要造就「理想自我」，學習的時候內心就必須確實牢記這個順序。而若要感受能量，「耳讀」是一種相當適合的方式。

沒有什麼特別艱難的部分。

先聽聽看，只要聽就行了。

我雖然用了各式各樣的說法，想要把能量傳達給你，但是我所要傳達的訊息實則十分簡單。

「耳讀」是造就「理想自我」的學習方法，而且輕鬆、簡單。

因為如此簡單，各位不想親自試試藉由耳朵學習嗎？

「耳讀」一定會為你和你的人生帶來巨大的轉變。

好了，請按下播放鍵。

這個瞬間，你的人生將有革命性的改變。

結語

活出心中那「了不起」的自己

幾年前，我的妹妹還在。

二〇〇四年七月，我創立公司約一年後的某天，我的手機響了。

「久美子走了……。」

聽到母親的話，當下我實在無法接受妹妹已經過世的事實，因此腦子裡一片混亂。

妹妹的喪禮有很多人來弔唁，他們對妹妹說了很多話。

我從那些人的口中，才終於更深刻地了解妹妹。

妹妹是什麼樣的人、有什麼樣的朋友、過著什麼樣的人生……。

此外，我也才了解父母對妹妹的愛有多深，重新領悟到一個人不可能單獨活在世上。

同時，我開始深深思索自己活著的真正意義。

那時，我發了個誓。

我要把妹妹的生命加進自己的生活，活出兩倍的人生。我要選擇正確的道路，發奮努力，絕不輸給任何人。

下定這個決心後，我的人生起了變化。

為了活出兩倍的生命，我必須認真地學習許多事物，努力成長、進步。

「請協助我。」

在我內心一邊這麼想著，一邊反覆聆聽自己所尊敬的經營者、成功人士的有聲書，參加研討會。

經歷過妹妹離世之後一連串生活上的轉變後，我想向大家傳達一件事，即：

不論什麼人，你的心中都存在著一個「了不起的自己」。

人生難免有不如意的時候，有時甚至會因找不到夢想和生存意義，沒有任何成就，苦悶得快要發狂。

但是，不論什麼樣的時刻，你的心中一定都隱藏著一個「了不起的自己」。

而且，愛你的人都了解你心裡那個「了不起的人」。

請相信這一點。

如果你還沒有成為「理想中的自己」，那只是因為你還沒找到正確的方法。

你認為自己還沒成功，只是因為你不知道追求成功的思考方式和訣竅。

所以，希望各位能先去發現它。

世界上充滿了各種各樣的資訊、知識以及智慧，可以將你心中那個「了不起的自己」引導出來。

只要你真心想學，學習的機會俯拾皆是。因此，請你先靜下心來，聽聽別人怎麼說。

改變人生並不一定要經歷過我所經歷的痛苦。

要扭轉你的人生，只要相信自己心中有個「了不起的人」，然後去聆聽別人說的話，就已足夠。

衷心盼望《耳讀學習法》這本書能成為各位生命中的小小火花，引導出你心中那個「了不起的自己」，使你有一天達成「理想中的我」。

清水康一朗

ideaman 150

耳讀學習法 比「閱」讀更有效率的記憶法 【暢銷新版】

原著書名——耳から学ぶ勉強法
原出版社——Sunmark Publishing
作者——清水康一朗

譯者——慕樂　責任編輯——魏秀容、劉枚瑛
企劃選書——何宜珍　特約編輯——林慧雯

版權——吳亭儀、江欣瑜、林易萱
行銷業務——黃崇華、賴正祐、周佑潔、賴玉嵐
總編輯——何宜珍
總經理——彭之琬
事業群總經理——黃淑貞
發行人——何飛鵬
法律顧問——元禾法律事務所 王子文律師
出版——商周出版
台北市104中山區民生東路二段141號9樓
電話：(02) 2500-7008　傳真：(02) 2500-7759
E-mail：bwp.service@cite.com.tw
Blog：http://bwp25007008.pixnet.net./blog
發行——英屬蓋曼群島商家庭傳媒股份有限公司城邦分公司
台北市104中山區民生東路二段141號2樓
書虫客服專線：(02)2500-7718、(02) 2500-7719
服務時間：週一至週五上午09:30-12:00；下午13:30-17:00
24小時傳真專線：(02) 2500-1990；(02) 2500-1991
劃撥帳號：19863813　戶名：書虫股份有限公司
讀者服務信箱：service@readingclub.com.tw
城邦讀書花園：www.cite.com.tw
香港發行所——城邦(香港)出版集團有限公司
香港灣仔駱克道193號超商業中心1樓
電話：(852) 25086231傳真：(852) 25789337
E-mailL：hkcite@biznetvigator.com
馬新發行所——城邦(馬新)出版集團 Cite (M) Sdn Bhd
41, Jalan Radin Anum, Bandar Baru Sri Petaling,
57000 Kuala Lumpur, Malaysia.
電話：(603)90563833　傳真：(603)90576622
E-mail：services@cite.my

封面設計——copy
印刷——卡樂彩色製版印刷有限公司
經銷商——聯合發行股份有限公司 電話：(02)2917-8022　傳真：(02)2911-0053

2010年（民99）11月初版
2023年（民112）1月5日2版
定價350元　Printed in Taiwan　著作權所有，翻印必究
ISBN 978-626-318-503-6
ISBN 978-626-318-510-4（EPUB）

城邦讀書花園 www.cite.com.tw

國家圖書館出版品預行編目(CIP)資料

耳讀學習法：比「閱」讀更有效率的記憶法/清水康一朗著；慕樂譯. -- 2版. -- 臺北市：商周出版：
英屬蓋曼群島商家庭傳媒股份有限公司城邦分公司發行, 民112.01　216面；14.8×21公分. -- (ideaman；150)
譯自：耳から学ぶ勉強法　ISBN 9978-626-318-503-6（平裝）
1. CST: 學習方法　2. CST: 自我實現　521.1　111018710

104台北市民生東路二段141號B1
英屬蓋曼群島商家庭傳媒股份有限公司
城邦分公司

請沿虛線對摺，謝謝！

書號：BI7150	書名：耳讀學習法	編碼：

請於此處用膠水黏貼

商周出版

讀者回函卡

線上版讀者回函卡

感謝您購買我們出版的書籍！請費心填寫此回函卡，我們將不定期寄上城邦集團最新的出版訊息。

姓名：________________ 性別：☐男 ☐女

生日：西元________年________月________日

地址：________________

聯絡電話：________________ 傳真：________________

E-mail：

學歷：☐ 1. 小學 ☐ 2. 國中 ☐ 3. 高中 ☐ 4. 大學 ☐ 5. 研究所以上

職業：☐ 1. 學生 ☐ 2. 軍公教 ☐ 3. 服務 ☐ 4. 金融 ☐ 5. 製造 ☐ 6. 資訊

☐ 7. 傳播 ☐ 8. 自由業 ☐ 9. 農漁牧 ☐ 10. 家管 ☐ 11. 退休

☐ 12. 其他________________

您從何種方式得知本書消息？

☐ 1. 書店 ☐ 2. 網路 ☐ 3. 報紙 ☐ 4. 雜誌 ☐ 5. 廣播 ☐ 6. 電視

☐ 7. 親友推薦 ☐ 8. 其他________________

您通常以何種方式購書？

☐ 1. 書店 ☐ 2. 網路 ☐ 3. 傳真訂購 ☐ 4. 郵局劃撥 ☐ 5. 其他______

您喜歡閱讀那些類別的書籍？

☐ 1. 財經商業 ☐ 2. 自然科學 ☐ 3. 歷史 ☐ 4. 法律 ☐ 5. 文學

☐ 6. 休閒旅遊 ☐ 7. 小說 ☐ 8. 人物傳記 ☐ 9. 生活、勵志 ☐ 10. 其他

對我們的建議：________________

____

____

【為提供訂購、行銷、客戶管理或其他合於營業登記項目或章程所定業務之目的，城邦出版人集團（即英屬蓋曼群島商家庭傳媒（股）公司城邦分公司、城邦文化事業（股）公司），於本集團之營運期間及地區內，將以電郵、傳真、電話、簡訊、郵寄或其他公告方式利用您提供之資料（資料類別：C001、C002、C003、C011 等）。利用對象除本集團外，亦可能包括相關服務的協力機構。如您有依個資法第三條或其他需服務之處，得致電本公司客服中心電話 02-25007718 請求協助。相關資料如為非必要項目，不提供亦不影響您的權益。】

1.C001 辨識個人者：如消費者之姓名、地址、電話、電子郵件等資訊。

2.C002 辨識財務者：如信用卡或轉帳帳戶資訊。

3.C003 政府資料中之辨識者：如身分證字號或護照號碼（外國人）。

4.C011 個人描述：如性別、國籍、出生年月日。

請於此處用膠水黏貼

Idea
man

Idea man